Weniger sorgen, mehr reisen!

FRAG DEN WELTENBUMMLER!

Brasilien • Argentinien • Bolivien • Chile • Peru plus Paraguay • Uruguay

Carsten Weidling

mitteldeutscher verlag

Immer aktuelle Reisen, Fotos & Videos, kommende Bücher, Hörbücher, Merchandising, Lesungen & Co. hier:

www.carstenweidling.de

@carsten_weidling

Ganz besonders möchten wir Ihnen die buchbaren ONLINE-LESUNGEN und Video-Ratgeber von „Deutschlands witzigstem Weltenbummler“, Carsten Weidling, ans Herz legen. Ganz persönlich, live, von überall auf der Welt. Für Sie oder als Geschenk. Für Ihre Reisegesellschaft, Ihre Firma oder Ihr Reisebüro. Zur Reisevorbereitung und/oder während Ihrer Reise.

Bei jeder Online-Lesung gibt es für Sie ein E-Book Ihrer Wahl gratis dazu. Und ein Teil des Honorars geht als Spende an:

HOPE CAPE TOWN

FLY & HELP

Mehr dazu auch auf:

www.carstenweidling.de
www.mitteldeutscherverlag.de

1. Auflage

www.mitteldeutscherverlag.de

Gesamtherstellung: Mitteldeutscher Verlag, Halle (Saale)

ISBN 978-3-96311-807-4 (Broschur) / 978-3-96311-806-7 (ebook)

Printed in the EU

INHALT

Der Appetithäppchentyp 6

Kein Khaki sein! 9

Sie reisen nach Brasilien? Glückwunsch, gute Entscheidung!
Reden wir mal über Männer 14
Besser Strand als Hotel 16
Keine Schönheit auf den ersten Blick 20
Endlich Jesus-Fan 24
Es ist ein Brot! Kein Hut! 29
Wenn den Brasilianern plötzlich die Zähne ausfallen 32
Achtung, Irrtümer! 34
Meine Erstangst vor Rio 35
Brasilien in drei Mini-Anekdoten 37
Mini-Anekdote 1: Der ewige Rhythmus 38
Mini-Anekdote 2: Die deprimierte Verkäuferin 38
Mini-Anekdote 3: Der stille Teen 39
Verschwommene Blicke 40
Die wahnwitzige Karnevalsidee 41
Mein Karnevalsirrtum 43
Gene und Skalpelle 46
Salvador da Bahia 47
São Paulo 51
Also Amazonas, ja? 52

★ **Weltenbummlersterne · Klos & Co.** 56

Sie reisen nach Argentinien?
Glückwunsch, sehr gute Entscheidung!
Buenos Aires vs. Rio de Janeiro 62
Steaks und nächtliches Essen 63
San Telmo 66
Die Macht der Kronleuchter 70
Argentinien in drei Mini-Anekdoten 72
Mini-Anekdote 1: Die Elfen 72
Mini-Anekdote 2: La Bestia 73
Mini-Anekdote 3: Die düstere Frau 75
Der Obelisk und die breite Straße 76
Casa Rosada 78
Die drei Heiligen 81

Heldentod? **84**
Die Wiederauferstehung **88**
Argentinier im „Winter“ **91**
Das Leiden der Porteños **92**
Hoch oder runter? **94**
Da grinst der Argentinier **102**
Matías **109**
Sie müssen Gitarren hören! **111**
Nicht hören – schauen! **113**
Machismo und La Madre **115**
Hotte Hüh hoch drei **116**
Die Gute-Gefühl-Geschichte für Ostdeutsche **120**
Corona und Dinorah **123**
Was zu sehen bliebe **132**

★ **Weltenbummlersterne · Geld & Co. 134**

Sie reisen nach Bolivien?
Glückwunsch, interessante Entscheidung!
Rote Ränder **138**
La Paz? Ehrlich? **139**
Stadtrundgangsversuch La Paz **143**
Tiwanaku **145**
Titicacasee **148**
Ein Lob aus Argentinien? **150**
Cholita-Gucken **152**
Santa Cruz **154**
Einschub: „Kurzes Hotellob“ **157**
Angst? **158**
Bolivien in drei Mini-Anekdoten **159**
Mini-Anekdote 1: Der Bus **160**
Mini-Anekdote 2: Das Herz **161**
Mini-Anekdote 3: Das Schild **162**
Was kaut denn da? **163**
Also echt mal, Chile! **164**
Darf ich vorstellen, S. B. **165**
Bolivien kann auch Karneval **166**
Bolivien kann auch Abenteuer **168**
Daumendruck für Bolivien **169**

Mein Ausflug nach Chile
Warum so kurz? **172**
Der Anflug zählt **173**
Bergige Ersteindrücke **173**

Geht weg! **175**
Café mit Beinen **178**
Hügel & Co. **179**
Kunstguckbefehl! **181**
Ossi, Obst, Bach und Pop **182**
Der Brief **184**
Was zu sehen und erleben bliebe! **186**

★ **Weltenbummlersterne · Wichtig & Co. 189**

Peru in Reisebekanntschaften
Schande auf mein Haupt! **194**
Der feine Herr Humboldt **196**
Ein Manfred **199**
Beeindruckende Eva **201**
Sergie, der Trekker **204**
Don, Piero, Sofia und nicht Angela **207**
Josefa, die Dealerin **210**
Petra, die Umweltschützerin **212**

Kurztrip Uruguay – sehr gute, kleine Idee
Mit dem Buckel-Bus zur schmutzigen Schwester **218**
Das Mate-Desaster **223**

Reingeschnuppert in Paraguay 227

Und nun vergessen Sie alles wieder … 234

Weniger sorgen, mehr reisen! – Mein ewiger Appell 234

★ **Weltenbummlersterne · Weltwertung 236**

Und ganz zum Schluss: Meine ganz persönliche Weltwertung 243

Reisen und Gutes tun 248

CARSTEN, DER APPETITHÄPPCHENTYP

Hallo, wenn Sie mögen, bin ich Ihre Reisevorhut. Ihr Ein-Mann-Spähtrupp.
Ich bin seit vielen Jahren unterwegs, weil ich ganz entspannt lächelnd unseren wundervoll bunten Planeten kennenlernen und ein bisschen an der Weltoberfläche kratzen will. Mehr nicht! Ganz ehrlich, ich habe noch nie ein Land verlassen und gesagt: „Jetzt kenne ich das Land, nun weiß ich Bescheid und kann andere aufklären." Wer Ihnen so etwas verspricht, träumt. Ich versuche nicht, Ihr Reiseführer zu sein, sondern eher der, der Sie mit einem neuen Land verkuppelt. „Hey Land, neue Reisende. Hey Reisende, ein neues Land. Umarmt euch, lernt euch kennen!" Ja, alles was ich Ihnen nach gut 12 Jahren Reisen in aktuell fast 120 Ländern und nach meinen Leben in einigen davon bieten kann, ist meine humorvolle, gelassene und überaus glückliche Sicht auf die von mir bereisten Länder. Sehr nah, sehr persönlich, sehr ehrlich. Ich bin Ihr Appetithäppchentyp, der Ihnen Lust auf den eigenen Reisehauptgang machen möchte, Sie für neue Reisen ohne unangemessene Sorgen motivieren will. Und kann.
Es ist paradox. Die Deutschen, Schweizer und Österreicher reisen extrem viel, und haben dennoch ständig wachsende Reisesorgen und Reisezweifel. Schon lange vor Corona und jetzt noch mehr. Mir ist auf der ganzen Welt nicht das kleinste Unheil geschehen. Selbst in Gegenden nicht, die Sie wahrscheinlich eher aus den Nachrichten als aus Reisekatalogen kennen. Und ich werde Ihnen sagen, wieso. In hunderten kleinen, wahren Geschich-

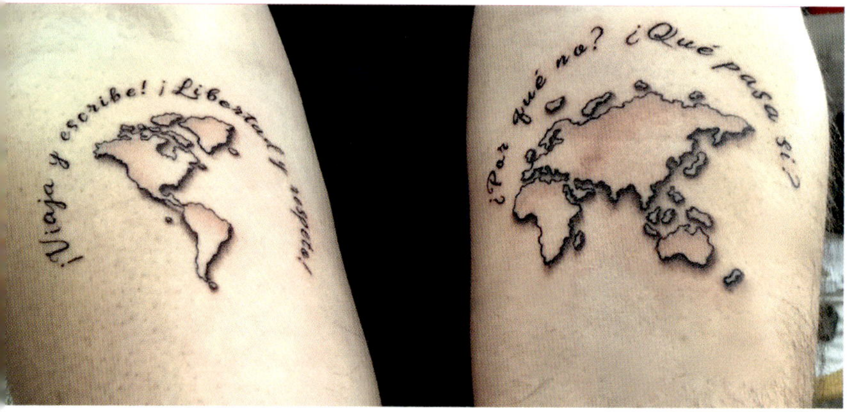

Was man als konsequenter Weltenbummler halt so für Tattoos hat

ten meiner Buchreihe. Also Lust machen und Sorgen nehmen aus erster Weltenbummlerhand! Sich nicht zu wichtig und ernst zu nehmen, offen zu bleiben, ist der Schlüssel.
Reisen heißt eben nicht Sorgen, Sehenswürdigkeiten und Reiserücktrittsversicherungen. Reisen bedeutet hinzuschauen, hinzufassen, hinzuriechen, hinzuschmecken und das Neue und Spannende einzuatmen. Zu entdecken, wie wundervoll diese Länder und ihre Menschen sind. Und wie nah. Der Reiz des neuen Landes ist diese Mischung aus atemberaubend Schönem, kurios Fremdem, spannendem Erleben und kopfschüttelndem Gelächter, das Sie überall auf dieser so verrückten und großartigen Welt ernten können, wenn Sie nur Herz, Augen und Geist offenhalten. Und mit den Menschen sprechen.

Carsten Weidling on tour

Wir sollten nicht daran zweifeln, dass andere Länder und deren Menschen gastfreundlich, offen und herzlich sind. Angst blockiert das Hirn. Humorlosigkeit lähmt uns. Reisen, selbst sehen, selbst hören, selbst erleben, öffnet uns. Klug, informiert und vor allem mit Humor und Gelassenheit.

Also:

„Weniger sorgen, mehr reisen!"

Ich bin für Sie schon mal vorgereist.

KEIN KHAKI SEIN!

Bevor Sie ins Flugzeug steigen und alles falsch machen, was deutsche Touristen falsch machen können, nehmen Sie bitte Ihre albernen Khaki-Cargo-Shorts wieder aus dem Koffer! Sie wollen doch keiner von „denen“ sein! Ich nenne diese Leute „Khakis“. Khakis sind das, was bei Harry Potter die Muggel sind. Leute, die in unserem Fall die Magie des Reisens nicht kennen oder nicht verstehen. Diese Khakis tragen nicht nur gern Khaki-Cargo-Hosen, sondern gar passende Hüte und sogar Hemden und Blusen, die so viele Taschen haben, dass sie ihr eigenes Handgepäck sind. „Reise-Muggel“ sind weder Abenteurer noch Entdecker, auch wenn sie sich anziehen, als würden sie als Erstexpedition durch den Dschungel robben, um vermeintlichen Waldbewohnern das Recht auf Brückentage näher bringen zu wollen. Khakis haben die ganze Reise über Sorgen. Vor fremden Klos, unbekanntem Essen, jeder noch so absurden Gefahr eines anderen Landes und jeder möglichen Art von Betrug. Denen rufe ich tröstend zu: „Die Welt ist nicht böse!“

Doch die Khakis sind überall. Khakis haben Seifen und Kulis im Handgepäck, nur weil ihnen irgendwer erzählt hat, dass man sich gerade in abgelegenen Gebieten über kleine Gastgeschenke freut. Die geschlechtliche Differenzierung unter den Khakis ist schleichend. Doch besonders Khaki-Männchen denken, sie werden auf Reisen zu Alexander von Humboldt, Livingstone oder Columbus, obwohl sie daheim um Hilfe rufen, um eine Spinne in der Wanne tot zu duschen. Die Frauen der Art Khaki glauben, in ihnen steckt ein Hippiemädchen, aber ihre bleichen Füße sagen, dass sie ihr Leben doch nur dröge unter Neonröhren und nicht hüftschwingend am Strand verbringen.

Khakis halten fremde Länder für „Urlaubsländer“ und latschen selbst durch Millionenmetropolen mit Klamotten, als wäre alles in ihrem Urlaub automatisch Strandgebiet. Bewaffnet mit Multifunktionsrucksäcken, als würde die Wasserversorgung außerhalb des eigenen Heimatorts nie sicher sein. Khakis lassen am Flughafen ihre ranzigen Koffer in Schutzfolie einpacken, nur um sie dann am Kofferband noch schwerer von den anderen unterscheiden zu können. Khakis rechnen jede Restaurantquittung nach. Khakis wissen nichts über das Reiseland, aber alles über Reiserücktrittsversicherungen. Khakis fotografieren als Erstes bestehende Schäden im Hotelzimmer, um „sicherzugehen“. Khakis glauben, alle Fremden wollen sie nur betrügen und seien „nur hinter unserem Geld her“. Khakis halten alles außerhalb ihres Ortes für Wildnis und würden gern das Brotmesser als Notmachete mit ins Handgepäck nehmen. Kurz, Khakis haben von nichts eine Ahnung, wollen aber die Welt missionieren. Ach, und Khakis: Marco Polo hatte auch keine hellblaue Nackenrolle dabei. Also bitte!

Alle, die jetzt das Buch noch nicht mit den Worten „Was glaubt der Vogel denn, wer er ist?" weggelegt haben, sind herzlich willkommen, mit mir oder mir nach zu reisen. SIE SIND QUALIFIZIERT! Glückwunsch! Denn Sie wissen bereits, Reisen ist besser als auf Ihrem Balkon wegzudämmern und sich einzureden, dass das ja auch ganz interessant sei. – Ist es nämlich nicht! Selbst wenn er dieses Jahr so rebellisch blau statt wie sonst gelb bepflanzt sein mag. Ja, Sie wissen, dass wir alle über die Jahre zu empfänglich für Ängste und Sorgen geworden sind. Besonders dem Fremden, Ungewohnten gegenüber. Sie sorgen sich schlicht etwas weniger und wissen auch, dass fehlende Sprachkenntnisse nur selten Reisezweifel wert sind. Auch ich spreche die allerallerwenigsten Sprachen der Welt und komme durch. Ja, ich habe sogar erkannt, oft steigt die Lebensqualität, wenn man die Sprache um sich herum nicht versteht. Denken Sie mal im nächsten deutschen Bus darüber nach. Alles Unverständliche auf Reisen kann auch exotische Urlaubsuntermalung sein. Der gesprochene Soundtrack zur Tour. Der Erholungsfaktor der Unverständlichkeit. Das ist der Punkt: Khakis haben Angst, wir Reisenden genießen den Unterschied.

Wissen Sie, was noch hinzukommt? Man liebt uns Deutsche in der Welt. Für all die Klischees. Pünktlichkeit, Qualität, Zuverlässigkeit, Spießigkeit, manchmal für unsere Blässe, immer für unseren Fußball, unser Bier und unsere Autos. Aber nicht für unseren Geiz, Khaki-Cargo-Shorts und den ewigen Missionarsmodus.

In diesem Zusammenhang: Hallo Reisende aus Österreich und der Schweiz! Sie dürfen sich dem gern anschließen, denn in der Welt werden Sie ohnehin als „eine Art Deutsche" wahrgenommen, sorry. Und mal ehrlich, ist es nicht viel leichter, immer zu nicken, wenn man Sie im Ausland für einen Deutschen hält, als ständig zu erklären, dass Austria nicht Australien ist, und Switzerland nicht Schweden oder Swasiland?

Wem in meinen Büchern Beschreibungen von „unverzichtbaren Sehenswürdigkeiten" und „total geheimen Geheimtipps" fehlen, sollte sich von einem cleveren Freund oder einer schlauen Freundin in die Kunst des Googelns einweihen lassen. Denn alle Sehenswürdigkeiten wurden schon beschrieben und echte „Geheimtipps" kennt naturgemäß ja eh keiner. Es sind die kleinen Geschichten, die einem ein ganzes Land erklären. Waren Sie schon immer! Dazu gibt es dann noch meine Sterne, die Ihnen zeigen, was Ihr persönlicher Weltenbummler unter anderem über Toleranz, Preise, Sicherheit und Klos in allen Ländern denkt.

Stand heute habe ich in 12 Jahren 114 Länder nahezu ohne Probleme bereist, weil ich meine eigenen „5 Weltreiseregeln“, immer befolgt habe:

1. Habe Respekt und keine Angst!
2. Sprich mit den Menschen!
3. Entdecke für dich Neues, doch tue nichts Dummes!
4. In Kunstmuseen, Kneipen, privaten Küchen, Rotlichtvierteln und Casinos lernt man am meisten über das Selbstverständnis eines Landes. Also geh da hin, aber nur, wenn du damit nicht gegen Regel 3 verstößt.
5. Belehre niemanden, höre zu, lerne und staune!

Plus Bonusregel: Habe Spaß, genieße das Fremde und lache viel, besonders zusammen mit den Einheimischen. Denn keine Sehenswürdigkeit auf all meinen Reisen war wunderbarer als das gemeinsame Lachen überall auf dieser Welt.

IN JEDEM LAND!

SIE REISEN NACH BRASILIEN?

GLÜCKWUNSCH, GUTE ENTSCHEIDUNG!

REDEN WIR MAL ÜBER MÄNNER

Bevor wir mit Brasilien so richtig loslegen und besonders die lesenden und träumenden Männer wieder nur Blicke für Bikinifiguren haben – auch wenn sie selbst in die Badehose nur noch mit einem Schuhanzieher kommen –, sollte die weibliche Stimme der Vernunft in mir etwas sagen. Ja, manchmal bricht sie sich Bahn.

Es ist nämlich so. Wenn ich in der Heimat von Panama spreche, ist der erste Kommentar entweder etwas über Steuern oder über Janosch und, ob Panama wirklich nach Bananen riecht. Spreche ich von Amsterdam, machen alle Kiffgesten. Spreche ich von Thailand, höre ich kehliges Männerlachen. Was mir besonders unangenehm ist, da dieses Land weit mehr und letztlich ganz anders ist als die paar Erotikstraßen, an die viele zuerst denken. Und so geht es weiter. Dubai: Wolkenkratzer. Afrika: Tiere. Argentinien: Tango. Brasilien: Erektion. Und Karneval. Aber hauptsächlich Erektion. Daraus folgt, insgesamt sprechen über Brasilien zu viele Männer, die sich ihren Fantasien hingeben. Im Normalfall lässt eine kluge Frau ihren Mann ein bisschen träumen, lächelt verständnisvoll und weiß, dass Männeraugen eben bei Brasilianerinnen glühen wie Kinderaugen im Spielzeugwarenladen.

Was den Männern aber nicht bewusst ist: Dies ist gerade in Brasilien keine einseitige Angelegenheit. Denn wir reden hier von Brasilien! Frauen, von Brasilien! Das ist nicht nur etwas für Männer!

Vorbei mit dem innerehelichen Vorteil Südostasiens, wo sich unsere Männer zwar oft in die schönen Frauen vergucken, aber die eigenen Frauen meistens mit den südostasiatischen Männern nichts anfangen können. In Brasilien ist das anders. Irgendwie fairer.

Also, liebe Frauen, wenn der eigene Mann mal wieder nur spärlich getarnt und plötzlich von Kultur schwafelnd davon schwärmt, man könne ja mal nach Brasilien in den Urlaub fahren, und Sie sehen ein Lächeln wie sonst nur beim heimatlichen Fußballclub, gehen Sie gelassen darauf ein. Denn es ist eben Brasilien!

Ich gebe es zu, die Attraktivitätsschere zwischen Männern und Frauen ist in diversen Erdteilen unterschiedlich weit geöffnet. Wie gesagt, in Vietnam, Kambodscha, Thailand und anderen Ländern werden wohl mehr Männer- als Frauenträume erfüllt. In Osteuropa wird es enger, in Südeuropa dürfte Gleichstand herrschen. Doch mal ehrlich, was sollte Frauen eigentlich daran hindern, von Südamerikanern zu träumen, während der Ehemann in den labbrigen Schiesserbuxen immer noch glaubt, eigentlich auch nicht schlechter als Antonio Banderas auszusehen?

Machen wir uns nichts vor, in Südamerika und da besonders in Brasilien sind auch die Frauen am Träumen. Zumindest viele. So lassen Sie sich von Ihren Männern zu Brasilien überreden! Ja, natürlich, reden Sie ihm schon mal ein schlechtes Gewissen ein, weil er da ja „eh nur Knackärschen nachstieren will". Und dann grinsen Sie sich den Flug nach Brasilien schön.

Und hier ein kleiner Reisetipp, den es ganz sicher nur bei mir gibt: Lassen Sie ihn beim Strandspaziergang immer schön einen Meter vorweggehen! Er wird denken, es war seine Idee. Wie immer eben. Und wenn er sich heimlich die brasilianischen Schönheiten anschaut – weil er ja nicht unbemerkt den Kopf drehen kann –, feiern Sie hinter ihm Schmachtsamba! Ja, suhlen Sie sich in den Blicken der Brasilianer! Lassen Sie sich zuwinken und Küsschen zuwerfen! Fühlen Sie sich wie bei „Brasiliens Next Top-Touristin"!

Er wird es im Leben nicht mitbekommen und erst mit seinem heimlichen Gegucke aufhören, wenn er physisch nicht mehr in der Lage ist, den Bauch einzuziehen, ohne einen Kreislaufkollaps zu bekommen.

Und Sie? Sie lassen sich in seinem über die Jahre größer gewordenen Windschatten von den brasilianischen Männern anschmachten. Denn die brasilianischen Männer wissen zu flirten und haben da auch keine Hemmungen. Sie fühlen sich wie die Göttin von Brasilien, während Sie von hinten auf die nottoupierten Haare des Restfrisurenexperimentes Ihres heimischen Banderas-Schattens grinsen.

So, liebe Männer,
und nun viel Spaß in Brasilien!
Und liebe Frauen.

BESSER STRAND ALS HOTEL

Ich hatte mich in Rio in einem Hotel direkt an der Copacabana einquartiert. Das Hotel war irgendwie abgewohnt, das Zimmer klein. Doch das ist eben die Herausforderung bei einer ewigen Reise um die Welt. Man muss sich an Budgets halten. Eigentlich wollte ich mit 60 Euro je Hotelnacht hinkommen und schaffte es im Schnitt auch über netto gut sieben Jahre. Doch Budgets nerven völlig. Und auch die ständige Rechnerei: Wenn ich in Thailand und großen Teilen Asiens doch locker mit 25 bis 35 Euro die Nacht hingekommen bin und dafür in New York dann doch 100 und auf Tahiti gar 140 Euro gebraucht habe, was darf mich dann Rio kosten? Ja, diese wilde Form des Hotel-Dreisatzes nervt. Doch was ich Ihnen sagen will: Selbst in Strandnähe in Rio kommt man auch mal mit 60 Euro pro Nacht hin, wenn nicht gerade mal wieder Fußball-WM, Olympische Sommerspiele oder Karneval ist. Schnäppchen finden Sie ansonsten immer.

Copacabana – die Mutter aller Strände

In Rio geht's um den Strand

Na immerhin!

Mein Hotel in Rio lag nach einem Blick durch die Zimmertür ganz augenscheinlich locker im Budget. Überhaupt waren meine Ansprüche über die Weltreise schon sehr gesunken. In sehr vielen Hotels dieser Reise hätte ich, würden sie in Deutschland liegen, nie geschlafen. Hier ließ ich mich drauf ein. Denn kleine Zimmer fördern zumindest den Tatendrang. Es war also schon nach dem ersten Blick in meine bescheidene Unterkunft sofort an der Zeit, Rio und seine berühmten Strände zu erkunden. Ich feuerte den Koffer ins Zimmer – was es sogar ein wenig wohnlicher erscheinen ließ – und trabte los.

Kaum war ich an der Copacabana angekommen, blühte mein Herz auf. Was für ein Strand, was für schöne Menschen. Ich hatte immerhin schon so berühmte Strände wie den Bronte-Beach in Sydney und den Waikiki-Beach auf Hawaii gesehen, war in Tahiti, Haiti, Mexiko, Thailand und Jamaika, doch dieser Strand hier hatte eine ganz andere Atmosphäre. Der Strand von Copacabana ist zu Recht so berühmt. Er ist unfassbar breit und auch sehr lang. Und wenn er endet, mündet er zumindest auf einer Seite auch nur im Strand von Ipanema, der kaum kürzer oder weniger eindrucksvoll ist.

Ich bin ein begeisterter Strandläufer und hier nimmt ein angenehmer Spaziergang einfach kein Ende. Besonders am Abend sind die beiden Strände einladend. Entlang der Strände gibt es viele kleine Kioske, die natürlich Caipirinhas anbieten und auch kleine Leckereien und immer wieder Kokosnüsse und viel mehr Caipirinhas. Man sieht Künstler, die Bilder verkaufen, fast so häufig wie jede Art von Strandhändlern. Und man fühlt sich sicher in einer Stadt, die nicht gerade für ein harmloses Dahinlangweilen steht. Überall sieht man bewaffnete Sicherheitsleute und auch Kameras gibt es gerade genug,

Was will man denn drinnen?

die uns Touristen schützen und vor allem auch wiederkommen lassen sollen.
Ist man sein Leben lang in Warnemünde oder auf Sylt am Strand gewesen, schockt einen der Sicherheitsaufwand hier in Rio anfänglich schon ein bisschen, doch man gewöhnt sich schnell daran und freut sich bald sogar darüber. Der Blick auf das Meer, den unsagbaren Strand und die schönen Menschen ist es einfach wert. Dass hier ein weitaus größerer Aufwand zum Schutz der Gäste betrieben wird als an den gewohnten, heimischen Stränden, ist aber leider nötig und somit folgerichtig. Rio ist keine wirklich sichere Stadt. São Paulo auch nicht, und einige weitere Städte in Brasilien scheinen sich ebenfalls in den Statistiken um die vordersten Plätze der unsichersten Städte der Welt zu balgen. Ein bisschen Entwarnung kann ich aber insofern geben, als dass besonders die von Reisenden genutzten und geliebten Gegenden durch eben diese Sicherheitsmaßnahmen für uns genießbar sind.
Vor einem wird man allerdings nicht geschützt: neideinflößender Schönheit, die am Spiegelbild verzweifeln lässt. Ehrlich, viele dieser schönen Menschen sind für meinen Geschmack zu oft durchtrainiert und/oder schönheitsoperiert, als dass ich mich mit meiner deutschen, leicht verschlampten Figur in ihren Augen sehen möchte.
Nachts wird es dann einfach noch schöner. Viele kleine Stände laden zum Essen und zum Trinken und zum Weiterschauen ein. Es eröffnen noch mehr kleine Kunststände und der Strand verwandelt sich vom „Poser-Ort hiesiger Schönheitschirurgie“ – so viel Neid muss erlaubt sein! – zur

wohl größten Sportfreiluftanlage. Spätestens jetzt war ich glücklich über mein preiswertes und mich nicht zum übermäßigen Verweilen einladendes Zimmer, das mich herausgetrieben hatte und mich nun die Copacabana bei Nacht erleben ließ. Denn dann gehen die Flutlichtanlagen an vielen Strandabschnitten an und überall sieht man Menschen Volleyball oder Federball spielen. Doch das sind hier nur Randsportarten. Denn man sieht Fußball, Fußball und ... Fußball! Sie spielen ihn auf Tore, sie spielen übers Netz, sie spielen in Jungs- und Mädchenmannschaften und sie spielen ihn zur Not auch alleine. Wohin man schaut, Fußball den ganzen Strand entlang. Die pure Fußballbegeisterung, die pure Fußballkunst, das reine Fußballleben, nachts am Strand. Sie geben sich in einer lauen Rio-Nacht ihrem Lieblingssport, ih-

Fußball übers Netz ...

... und klassisch auf Tore

rem Nationalsport hin und nichts kann den so ausgelassenen und glücklichen Brasilianern den Spaß am Fußball an der Copacabana nehmen. Na gut, es sei denn, man spricht sie auf das Halbfinale bei der WM 2014 und das 1 zu 7 gegen Deutschland an.
Doch wer macht denn so was?!

KEINE SCHÖNHEIT AUF DEN ERSTEN BLICK

Wer Rio sagt, meint meist Copacabana und Ipanema. Doch es gibt auch andere Stadtteile und so eine Art Stadtzentrum in einer Stadt von immerhin mindestens 6,7 Millionen Einwohnern. Wie soll man die Attraktivität Rios als Stadt und als Reiseziel definieren? Vielleicht so: Wenn Rio nicht so weit weg von der Heimat wäre, würde diese Stadt eigentlich als Wochenendtrip gut geeignet sein. Sonntagabend könnte es dann aber auch beruhigt zurück in die wohlige heimische Behausung gehen, mit dem guten Gefühl, wirklich alles in dieser Stadt gesehen zu haben.

Das Carioca-Aquädukt

Mehr Zeit brauchen Sie für diese Stadt nicht wirklich.

Mein erster Besuch von Rio de Janeiro selbst war ein bisschen ernüchternd. Die Stadt hat eigentlich keinen Charme. Ich weiß nicht, ob der Stadt – die übersetzt „Fluss des Januars" heißt – der Charme flöten ging, als 1960 das Hauptstadtrecht von Rio an Brasilia überging, aber irgendwie fand ich alles lieblos, na ja, und eben uncharmant. Die Straßen sind nicht schön, es riecht ein bisschen nach Gefahr und von den Bauwerken sind viele verfallen. Man erlebt die Armut und ich fühlte mich nicht willkommen, sobald ich Strände und Nachtleben verließ. Auch wenn mich nicht einmal jemand schräg angesehen hat und ich so auch gar nichts beitragen kann, was die Angst vor Rio schürt, so hatte

ich doch das Gefühl, man wollte mich lieber am Strand als in der Stadt sehen. Da, wo ich reichlich Real, Dollar oder auch Euro auszugeben hatte, die typischen Fotos schießen sollte und ja nie wieder über die Fußball-WM 2014 reden dürfte.

Dennoch habe ich mich in die Stadt verlieben wollen, was nicht leicht war. Sie wissen ja, wie das endet, wenn man sich unbedingt verlieben will. Ja, genau, so endete das auch mit mir und der Innenstadt von Rio. Aber es waren die kleinen Dinge, die es ein bisschen herausgerissen haben und mir meinen – mühevollen – Zugang zur Stadt irgendwie, so halbwegs, fast, beinahe, ... na, Sie wissen schon.

So sah ich auf den überfüllten Straßen, auf denen viele kleine Händler ihre Waren anboten, auch einen Mann, der mal eben so nebenbei alle Probleme der Weltreligionen wegwischte, indem er in seinem Handwagen alles verkaufte, was aus Messing war. Und so baumelten dabei einträchtig Kruzifixe, Davidsterne, Halbmonde, Glocken und Menora nebeneinander. Die Welt aller Glaubensrichtungen in Messing, auf einem Einkaufsbuggy. Niedlich.

Oder es waren überraschende Dinge wie das Gandhi-Denkmal mitten in Rio, das mich so erstaunte, wie zuvor schon mal ein Elvis-Denkmal in Kyoto oder ein Denkmal für Anne Frank in San José in Costa Rica. Gandhi in Rio war die völkerverbindende Weiterführung des Messing-

„Catedral Metropolitana de São Sebastião de Rio de Janeiro“ – Irre!

Religions-Klingklang in Stein. Beruhigend.
Irgendwie putzig sind auch die vielen „Oi“-Telefonzellen, die eigentlich nur kugelige Telefondächer sind, unter denen immer Menschen stehen und telefonieren. Nun heißt „Oi“ im Portugiesischen nichts anderes als „Hallo“, doch wenn man die kleinen mit „Oi“ beschrifteten Halbkugeln so in Massen nebeneinander stehen sieht, scheinen sie weniger zu grüßen, als mehr über einen zu staunen. Staunen Sie einfach zurück, über die Kleinigkeiten von Brasilien und Rio.
Vielleicht wissen Sie ja aus meinen anderen Büchern schon, dass ich es für müßig halte, über all die Sehenswürdigkeiten zu schreiben, über die schon alles geschrieben wurde. Hier reichen

Grundkenntnisse im Googeln, um alles Wichtige und wahrlich Sehenswerte zu finden. Wie das Teatro Municipa, einige Museen, den botanischen Garten Jardim Botânico, natürlich das Maracanã-Stadion, die „Bögen von Lapa“, die einst als Aquädukt dienten, und viele imposante Kirchen und Klöster.

Ein kirchlicher Bau sticht dabei besonders hervor: Die modernistische Kathedrale von Rio, die von außen wie ein gigantischer hässlicher Kegel oder der betonierte Versuch eines Maja-Nachbaus aussieht, aber von innen mit seinen riesigen Buntglasfenstern einfach beeindruckend ist. Manche meinen wirklich, diese „Catedral Metropolitana“ würde eher wie ein Vulkan aussehen. Nicht auszudenken, aus irgendeinem eruptiven katholischen Grund würde dieser Kegel anfangen, die darin Platz findenden 20.000 Gläubigen auszuspucken. Es wären wohl die eindrucksvollsten Kirchenaustritte der Welt.

Zugegeben, ich war von alledem recht ernüchtert. Anderseits, was hatte ich erwartet? Was kommt uns denn bei Rio in den Sinn? Strand, schöne Menschen, Zuckerhut und Corcovado inklusive dem feinen Herrn Christus. Na, dann los.

ENDLICH JESUS-FAN

Ist man Christ, sollte man sich DIE Jesus-Statue ohnehin ansehen. Aber auch für alle anderen ist sie ein Muss, sobald man das riesige Territorium Brasiliens erreicht. Es ist irgendwie nicht mal vorstellbar, dass man Rio besucht, ohne auf dem Corcovado bei dem Sohn gewesen zu sein, der so offen die Arme ausbreitet. Irgendwie verlangt das nicht nur der touristische Ehrgeiz, sondern auch der Anstand. Immerhin feiern wir jedes Jahr seinen Geburtstag, seinen Todestag und begegnen ihm auch sonst mehr oder weniger im Glauben oder doch nur im Geschenkewahn.

Zum Rio-Jesus per Bahn …

… oder zu Fuß?

Da sollte man der siebtgrößten Statue dieses Mannes in jedem Fall schon mal seine Aufwartung machen.
Erschrocken?
Ja, es gibt größere Jesus-Statuen, in der Reihenfolge: Polen, Bolivien, Mexiko, Vietnam, Philippinen und Indonesien. Und erst dann folgt Rio. Auch wenn der indonesische Jesusbruder gleich groß ist und nur der Sockel etwas höher, ist der Rio-Jesus nur der Siebtgrößte. Andererseits ist Platz 8 in Almada in Portugal nur zwei Meter kleiner als Rio-Jesus, steht aber auf einem sage und schreibe 82 Meter hohen Sockel. Nur gut, dass die Arabischen Emirate nicht im Verdacht stehen, Jesus über sich erheben zu wollen, sonst wäre ein entsprechender Bursche in Dubai wohl schon um die 500 Meter hoch.
Doch in Rio ist es der Berg, auf dem er steht, der ihn über alles erhebt. Und er war zumindest von 1931 bis 1981 der größte.
Moment noch mal!
Vietnam und Indonesien? Ehrlich? Ein eher atheistisches und buddhistisches Land und das

Also einen Ausblick hat der Rio-Jesus dann schon!

größte muslimische Land der Welt mit einer Jesus-Statue, wirklich? Jupp!
Doch egal wie sehr Sie welcher Religion auch immer zugetan sind und wie sehr Sie sich vielleicht weigern, massentouristische Orte zu besuchen, machen Sie sich gefälligst auf, den tatsächlich ungemein eindrucksvollen 1.145 Tonnen schweren Christus zu besuchen!
Zunächst wollte ich ihn – wohl in einer wahnhaften Form neuer

Ein Ausflug mit hinreichend Genusspotential

Christushörigkeit – zu Fuß besuchen, weil ich den Berg samt armausbreitendem Berghüter von meinem Hotel an der Copacabana ja sehen konnte. Nun ist Sehen das eine, Hinlaufen was ganz anderes. Und in einer Art verspäteter Grundschullektion begriff ich, dass man große Dinge für näher hält, als sie sind.

Nach einer Weile war klar, dass da ohne Fahrzeug nichts zu machen ist, und ich glaube, ich konnte den Gigantenchristus ein

bisschen über meinen Lauf-Versuch lächeln sehen. Ja, ja, selber übers Wasser gehen, aber mir keinen langen Spaziergang zutrauen!

Aber er hatte ja recht. Mal wieder! Also habe ich mir ein Taxi gerufen und mich hochfahren lassen. Für den Weg nach oben, eine Stunde Wartezeit und den Weg zurück hat der Taxifahrer 140 Real genommen, also gut 25 Euro.

Die Wechselkurse sind oft fürchterlichen Schwankungen unterworfen, sodass man bei jedem Besuch um ein neuerliches Rechnen nicht umhinkommt.

Aber wie auch immer, und was immer es kosten mag, ein Besuch bei dieser Statue, immerhin eines der neuen Weltwunder unserer Erde, lohnt sich immer, denn es ist dort oben wunderbar. Wer hätte das gedacht? Wirklich, ich schicke Sie ja wahrlich nicht zu jeder angeblichen Sehenswürdigkeit, aber hier nehme ich Ihnen schlicht das Versprechen ab, diese Tour zu unternehmen. Gleiches gilt übrigens auch für den Zuckerhut!

Man hat vom Corcovado eine traumhafte Aussicht über ganz Rio und genießt einfach, dass man in Rio de Janeiro ist. Der Christus selbst ist auch hervorragend – kein Kunststück bei einer Körpergröße von 30 Metern. Auf einem acht Meter hohen Sockel! Auf einem 710 Meter hohen Berg! Also HERVORRAGEND ... verstehen Sie? Na ja, ist ja gut.

Wenn doch nur nicht die Menschenmassen da oben versuchen würden, das haargenau gleiche Fotomotiv zu schießen. Und ich hatte für den Bruchteil einer Sekunde gehofft, ich wäre der Erste, der auf die Idee kommt, mit ausgebreiteten Armen vor ihm zu stehen. Nein, nicht mal den Bruchteil einer Sekunde, denn wirklich jeder kommt auf diese ach so kreative Idee. Jetzt haben Sie also auch die Wahl. Sie können es wie alle anderen tun. Oder Sie können alle anderen dabei fotografieren, wie die es wie alle anderen tun. Oder Sie können sich dem verweigern, was alle anderen tun, um sich dann zuhause zu ärgern, es nicht getan zu haben, wie es alle anderen taten.

Und wieder sieht man Christus milde lächeln.

ES IST EIN BROT! KEIN HUT!

Wenn ich den jetzt erklettern müsste!

Ich verstehe deutsche Reise-Extrawürste nicht immer. Doch das wäre ein gesondertes Reisebuch über rote Fußgängerampeln bei Nacht, winzige Trinkgelder, Liegenbesetzungen, Socken und den ewigen Drang, mehr über Reiserücktrittsversicherungen zu wissen als über das Gastland. Ein Khaki-Reisebuch eben.

Aber wie ist das wohl damals hier abgelaufen? Da saßen also die Vertreter der Sprachen der Welt rund um jenen Berg – den „Pão de Açúcar" – und schauten ihn sich an. Der Portugiese sagte „Brot!", der Spanier sagte „Brot!", eine ganze Menge Sprachvertreter sagten „Brot!". Da erhob sich ein kleiner, blasser, deutscher Mann und sagte „Hut!". Einfach so, völlig aus dem Zusammenhang gerissen. Einfach „Hut!". Und nun haben wir den Schlamassel. Überall heißt dieser imposante Berg „Zuckerbrot", nur bei uns heißt er „Zuckerhut". Was muss die Welt nur über uns denken? Und über unsere Hutmode?

Denn auch wenn mir sprichwörtlich noch nie ein Zuckerbrot ohne dazugehörige Peitsche begegnet ist, so sehen in Rio aber einige Berge viel mehr nach einem Feuerzangenbowlen-Zuckerhut aus als besagter 395 Meter hohe Berg zwischen Hut und Brot. Also Zuckerbrot! „Pão de Açúcar!"

Übrigens, um die sprachliche Verwirrung zu komplettieren, heißt

Schwindelfrei zu sein, ist schon hilfreich

es, dass die dort einst lebenden Indianer diesen Berg in völliger Unkenntnis von Zuckerhüten, -broten, Feuerzangenbowlen und sogar Heinz Rühmann *(kann man sich das vorstellen?)* „Pandasuka" nannte, was die einfallenden Portugiesen schlicht als „Pão de Açúcar" missverstanden.

Und da müssen Sie also nun auch hoch! Wieder kein Reiseführervorschlag, wieder ein touristischer Marschbefehl!
Um da hinaufzukommen, benutzt man nacheinander zwei Seilbahnen, die an sich schon imposant sind und einem zwei Fahrten liefern, die etwas zwischen Glücks-

Herrrrrrrrrrrrrllllllllllliiiiiicccccchhhhhhh!

gefühl und Höhenangst auslösen. Auf circa der Hälfte der Strecke hat man einen etwas kleineren Berg erreicht, den es sich schon alleine anzuschauen lohnt. Auf dem „Morro da Urca" kann man etwas essen und trinken, schon mal quasi Vorspiel-Ausblicke genießen und sich auf das Hauptereignis wenig später freuen.

Nach der zweiten Seilbahnfahrt hat man es dann geschafft und kann nur begeistert sein. Ich wusste vorher zum Beispiel nicht, dass es auf diesem weltberühmten Hügel auch kleine Wanderwege und Picknickplätze gibt. Man kann sich also nicht nur an der sehr steilen und nur wenig wackelnden Drahtseilbahnfahrt mit nachfolgendem Sensationsausblick erfreuen, sondern Stunden damit verbringen, die kleinen Wege abzugehen, ein bisschen zu rasten, zu essen und zu genießen.

Unabhängig davon, dass man von hier auch einen perfekten Blick auf den Berg Corcovado hat, auf dem „Cristo Redentor", also „Christus der Erlöser" steht. Ich weiß, ich klinge jetzt mehr nach Pauschaltourist als nach erfahrenem Weltreisenden, aber der Berg hat es mir trotz aller weltweiten Erfahrung schlicht angetan. Und mich begeistert.

Begeisterung! – Mehr gibt es dazu einfach nicht zu sagen.

Hopp, hoch da!

WENN DEN BRASILIANERN PLÖTZLICH DIE ZÄHNE AUSFALLEN

Selbst positive Vorurteile können manchmal einen Schock nach sich ziehen.
Was heißt es denn, nach Brasilien zu düsen? Man erwartet Schirmchendrinks am dicken Strand, Strandschönheiten mit dicken Sambapopos, und persönlich einen dicken Sonnenbrand. Und was bekommt man? Um im zugegebenermaßen schwachen Bild zu bleiben, eine dicke Überraschung.
An einem neuerlichen Abschlussabend in Rio und kurz bevor ich weiter über Salvador da Bahia reisen sollte, wollte ich dann noch mal los und war auch guter Hoffnung, mehr Samba zu sehen.

Ich lief also gegen 22 Uhr die Promenade am Strand entlang, denn für die Clubs war es noch

Sooo habe ich mir brasilianische Musik nicht vorgestellt

zu früh. So setzte ich mich an eine Strandbar und wollte hier natürlich einen Caipirinha trinken. Doch irgendwas war heute anders. Die Kellnerinnen hatten sich Sommersprossen geschminkt, Strohhüte aufgesetzt und kuriose Trachten angezogen. Verwirrend. Die Kellner malten sich dünne Koteletten und noch dünnere Bärte an und viele hatten sich Zahnlücken geschminkt. Alles sah so gar nicht nach Brasilien aus. Von Samba keine Spur. Und die Schönheitschirurgie schien aus den Angeln gehoben.

Über der Bühne stand geschrieben „Festa Junina" und auf der Bühne spielte ein Trio in der sagenhaften Besetzung: Akkordeon, Triangel und Trommel. Sie fabrizierten kuriose und nicht enden wollende Musik, zu der auch getanzt wurde. Und zwar leidenschaftlich und liebevoll.

Aber sorry, das war kein Samba, kein Karneval, keine Copacabana-Girls und irgendwie kein Brasilien. Auf meine englisch formulierte Frage, was das alles denn dann sei, rannte mein Kellner mit wippendem Strohhut los und brachte nach geschlagenen zehn Minuten einen Mann mit angemaltem Kinnbart, der tatsächlich Englisch konnte. Und der klärte mich nun endlich auf. Die Musik heißt „Forró". Und das alles ist Teil des Johannisfests, das besonders im Norden Brasiliens beliebt und tatsächlich auch ein eher ländliches Volksfest ist. Eigentlich stammt das alles aus

Weidling amüsiert

Portugal, hat mit Johannes dem Täufer zu tun und soll zudem das Ende der Regenzeit zelebrieren. Ein bisschen viele Aufgaben für ein paar wippende Strohhüte, schmale Koteletten und Zahnlücken. Und irgendwie scheint man nebenbei hier in einer Stadt wie Rio de Janeiro auch noch die Landbevölkerung mitzufeiern, die wohl genau so in Natur aussieht, wie man es hier mit Schminke und Trachten versuchte, nachzustellen. Da kann man nur zwei Sachen hoffen. Dass entweder die Landbevölkerung nie erfährt, wie sie hier gesehen wird. Oder dass, wenn die Darstellungen stimmen, man nie in die Verlegenheit kommt, da längere Zeit zu verbringen. Ich habe unfassbar gelacht und etwas gelernt.

Es wurde ein sehr schöner Abend, der mir Brasilien ausgerechnet am Sehnsuchtsstrand der Welt noch einmal auf eine ganz andere Art zeigte. Ich sprach noch lange mit dem Englischkundigen und trank noch länger mit allen anderen. Und wieder einmal zeigte es sich, das Wichtigste und Schönste, was wir auf Reisen erleben können, sind andere Menschen. Wenn man sich ihnen gegenüber offen zeigt. Viel Spaß!

ACHTUNG, IRRTÜMER!

Achtung, Achtung! Atenção, Atenção!

Ich muss mal kurz meine Brasiliengeschichten für ein paar Warnungen unterbrechen.
Sie sehen endlich die heiß ersehnte Christusstatue? Toll! Steht sie auf einem Berg? Nein? Dann könnte es gut sein, dass Sie sich leicht verflogen haben und nun in Vũng Tàu in Vietnam sind. Also das ist doch mal eine Warnung wert, oder?! 16.565 Kilometer Luftlinie vom Ziel abzukommen ist ja wohl schon mal eine Erwähnung wert. Und Sie müssen zugeben, Sie finden in weltweit keinem einzigen Reisebuch über Brasilien, dass Sie nicht versehentlich nach Vietnam fliegen. Ich bin ja so verflucht originell.
Denn – wie bereits erwähnt – der Christus in Rio ist keine wirkliche Ausnahme. Aktuell gibt es weltweit 25 Christus-Statuen, die über 20 Meter hoch sind. Mal ganz davon abgesehen, dass immer größere in Planung und im Bau sind. Stehen Sie vor der richtigen in Rio, stehen Sie also nicht vor der größten der Welt. Dafür hätten Sie nur bis nach Świebodzin in Polen reisen müssen.
Und weil wir gerade bei Irrläufern sind: Wenn Sie nun extra für den Urlaub Spanisch gebüffelt haben, weil man ja in Südamerika Spanisch spricht, so ist das für Ihr weiteres Leben nicht verkehrt. Si, claro! Aber ausgerechnet Brasilien ist das einzige Land Südamerikas, in dem man eben Portugiesisch spricht.
Auch wenn Sie glauben, Sie hätten mit Rio die Hauptstadt Brasiliens auf dem Plan, irren Sie sich. Aber nicht mehr so ganz. Denn zumindest war Rio eben dies bis 1960 und trat dann diesen Status an Brasília ab.
Machen Sie sich nichts aus Ihren Irrtümern, die Geschichte Rio de Janeiros hat auch gleich mit einem Irrtum begonnen. Der Name nämlich ist portugiesisch für „Fluss des Januars" und beruht auf einem Irrtum des Seefahrers Gaspar de Lemos, der die Bucht am 1. Januar 1502 entdeckte und für die Mündung eines großen Flusses hielt.
Danke für Ihre Aufmerksamkeit und nun weiter mit den launigen Geschichten!

MEINE ERSTANGST VOR RIO

Ganz ehrlich, als ich zum ersten Mal nach Brasilien abhob, war mir ein bisschen mulmig ums Herz. Nicht wegen Bandenkriegen, Morden und Drogenkartellen in den Favelas. Da gehe ich halt nicht hin. Nein, die andere Seite Brasiliens machte mir ein bisschen Sorgen. Die Frage war, ob ich denn den Verlockungen der Frauen von der Copacabana widerstehen könne. Es war schon zu hart für mich, immer den hinreißenden Frauen von Costa Rica, Kolumbien und Kuba zu widerstehen, doch Rio sollte bestimmt noch mal eine besondere Herausforderung werden. Wurde es auch.

Also was wird diese Geschichte hier nun? Im Zuge der politischen Korrektheit wollen wir sie mal eine „Warnung und ein abschreckendes Beispiel" nennen. Ich lag ein bisschen am Strand rum, saß abends in den Bars und ließ es mir einfach gut gehen. Aber ich war auch seit Monaten alleine. – Das nämlich ist das größte aller Probleme auf einer Weltreise, gegen die es keine Impfung gibt: die Einsamkeit.

Aber ich war auch der Mann, der gerade einen Traum genoss. Eine jahrelange Weltreise, die einfach nicht enden wollte und auch nicht zu enden hatte. Außerdem war ich den schönen Dingen gegenüber immer sehr aufgeschlossen. Ich liebe das Leben und ich liebe die Liebe. Die Versuchungen hier waren zu groß. Und jeder Mann, der alleine unterwegs ist, muss schon

Wo bin ich hier nur wieder hineingeraten?

sehr stark und sehr verliebt sein, wenn er den wirklich ununterbrochen zur Verfügung stehenden „Sünden“ hier trotzen kann.
Es fing ganz harmlos an. Ich war wieder einmal im „Help“ zu Gast, einer Diskothek, die 40 Jahre ein Muss des Nachtlebens war. Nun ist der Laden abgerissen, aber die Geschichte hätte sich auch in all den anderen – kleineren – Läden rundherum abspielen können. Ich unterhielt mich mit verschiedenen Frauen, hatte Spaß, nahm ein paar Drinks. Da gab es eine junge und charmante Frau, die es mir wirklich angetan hatte. Sie kam aus dem schönen Ort Salvador de Bahia und war schlicht eine sehr angenehme Frau. Mit langem lockigen Haar, strahlenden, dunkelbraunen Augen und vollen Lippen. Ich hatte keine Chance, ich war das gejagte Wild und ergab mich sofort. Der nächste Morgen war ein Morgen mit leichten moralischen Kopfschmerzen, und ich schwor mir Besserung. Die nächsten beiden Tage blieb ich „trocken“, dann war ich wieder unterwegs. Was soll ich sagen. Es war, als würde ich nach monatelanger Diät über Nacht in ein Delikatessengeschäft eingeschlossen.
Ungefähr 45 Prozent der Brasilianer bezeichnen sich als Weiße, 45 Prozent als Pardo – also gemischter Abstammung –, rund neun Prozent als Schwarz und die anderen als asiatisch oder Indigene. Und das Bild des typischen Brasilianers und der

„Olá quem é você?“

typischen Brasilianerin ist für mich und die meisten anderen Träumer das eines oder einer Pardo. Und dieser Laden sah aus wie das Treffen der Pardo-Weltorganisation. Mal abgesehen davon, dass die Frauen wunderschön, sinnlich und aufgeschlossen waren. Sie hatten Spaß, sie wollten leben, tanzen, trinken, lieben und freuten sich tatsächlich sehr, einen so weitgereisten Europäer zu treffen. Eine junge Frau sagte mir, sie fühle sich persönlich geehrt, wenn Menschen gerade aus dem für sie beinahe unvorstellbar fernen Europa kämen, um ihr Land, ihre Menschen und letztlich sie persönlich zu besuchen. Was soll ich sagen, kaum hatte sie das so umwerfend charmant gesagt, hatte auch sie gewonnen. Sie brachte mir auch bei, dass es bei den Pardos, also „Mischlingen“, auch die so genannten Caboclos gibt. Diese Menschen sind von einer indisch-europäischen Mischung und ich war hoffnungslos verloren. Aus diesem Rausch wachte ich erst eine weitere Woche später auf. Ich kann das Gefühl nicht beschreiben.

Um meine Faszination von dieser Situation besser zu verstehen, muss man wissen, dass alles wirklich leicht und spielerisch vonstatten ging. Anders als Sie vielleicht jetzt vermuten könnten, waren es wahrlich nicht überwiegend gewerbliche Damen, die diesen Laden bevölkerten und so ihre charmante Aufmerksamkeit möglichst gewinnbringend einsetzen wollten. Auch wenn es sie freute, wenn man sich rundherum großzügig zeigte. Es war selbst für mich als jahrelang Weltgereisten noch einmal wie das Eintauchen in eine völlig neue erotische Welt.

Davon ausgehend, dass dies hier erwachsene und aufgeklärte Menschen ohne Verwendung des moralinsauren Zeigefingers lesen, so sei mir eine kleine Reihe an Tipps gestattet.

- Sind Sie ein Mann und Single, so lassen Sie sich gut geschützt doch ruhig mal auf diesen Taumel ein.
- Sind Sie eine Frau und Ihr Mann möchte gern alleine nach Brasilien reisen, so gibt es einen zweigeteilten Tipp: Können Sie ihm nicht trauen, lassen Sie ihn nicht hin! Und können Sie ihm vertrauen, packen Sie ihm heimlich doch ein paar Kondome in den Koffer.
- Sind Sie ein vergebener Mann, trauen sich selbst nicht und träumen von brasilianischen Frauen oder auch Männern – reisen Sie nach Mecklenburg-Vorpommern!
- Sind Sie eine Singlefrau, dann können Sie eventuell nun hier in Brasilien Ihren letzten heimatlichen Ex mit „LdV“ im Handy abspeichern – „Letzter deutscher Versuch“.

BRASILIEN IN DREI MINI-ANEKDOTEN

Es ist ja nun nicht so, dass wir reisen, um Sehenswürdigkeiten abzuhaken. Doch? Raus aus meinem Buch! Der wirkliche Reisende schaut genauer hin und erfreut sich an den vielen kleinen Geschichten, die ihm quasi am Wegesrand geschehen. Passen Sie doch mal auf, wenn Ihnen das nächste Mal ein Reisender nach seiner Tour davon berichtet. Er erzählt Ihnen zwei Minuten etwas von hohen, eindrucksvollen oder anderweitig beeindruckenden Sehenswürdigkeiten und dann Stunden über Reisekleinigkeiten. Dies sind meine drei Lieblingskleinigkeiten meiner bisherigen Brasilienreisen.

MINI-ANEKDOTE 1:
DER EWIGE RHYTHMUS

Ich lief hinter zwei jungen Frauen an der Copacabana, die dank hauchdünner Stringtangas mit nahezu nackten Hintern vor mir her wippten. Ich brachte es nicht fertig, die Frauen zu überholen. Wegen ihrer wallenden Mähnen konnte ich es nicht erkennen, aber sie hörten wohl Musik auf ihren Kopfhörern und schienen im Takt den Rhythmus ganzkörperlich wiederzugeben. Nach einigen Minuten drehten sie sich um und ich sah, dass sie keine Kopfhörer hatten, sie keine Musik hörten. Sie waren schlicht der Rhythmus selbst. Das sah ich noch oft. Bei Frauen im Bikini, Menschen in der Stadt, Polizisten, Sportlern am Strand, selbst bei Verkäufern zwischen Kioskwänden. Auch wenn man in Rio de Janeiro oft keinen Samba sieht, die Körper tanzen doch.

MINI-ANEKDOTE 2:
DIE DEPRIMIERTE VERKÄUFERIN

Ein brasilianischer Supermarkt hat nichts Besonderes. Blaue Einkaufskörbe, Preispistolen, Sonderangebotsecken, Fleischtheken und lange Kassenreihen. Doch da sah ich sie, mitten in São Paulo: Die deprimierte Verkäuferin. Ohne Rhythmus. Sie saß still da, lächelte nicht, verzog nie eine Miene, während ihre Kolleginnen lachten und wippten. Beinahe wie eine Argentinierin in Brasilien. Wäre sie keine

Vollblutlatina gewesen, hätte sie auch eine schlecht gelaunte Aldi-Kassiererin sein können. Ich ging 14 Tage lang in diesen Supermarkt. Sie schaute durch all die Werbebanner hindurch und über ihre Kasse hinweg, entweder in das übliche Einkaufsgetümmel oder hinaus zu den Passanten in Badehosen und Bikinis. Und sie lächelte nie. Sie war gar nicht da. Fremdkörper, Sonnenfleck, schwarzes Schaf. Doch egal wie lang die Schlange war, ich ging immer zu ihr. Denn sie hatte so etwas Heimatliches.

MINI-ANEKDOTE 3:
DER STILLE TEEN

In der ersten Seilbahn auf dem Weg zum Zuckerhut bemerkte ich eine Gruppe von Schülerinnen. Sie lärmten und hatten ihren Spaß. Bei all den albernen, gut gelaunten Mädchen zwischen 12 und 14 stand ein Mädchen, das gar nichts sagte. Keinen Ton. Die anderen nahmen sie nicht wahr. Beim Zwischenstopp auf Hügel eins genossen wir alle die Aussicht. Alle, bis auf eine. Es wurde fotografiert und rumgealbert. Die süße, laute Gruppe war für mich der perfekte Soundtrack für diesen wundervollen Ort. Auch in der zweiten Bahn zum Gipfel das gleiche Bild. Ich grinste glücklich bis hinter die Ohren, die Mädchen lärmten und das eine schwieg. Bis zu jenem Moment, in dem sich der Grund für ihr Schweigen erklärte. Mit einem aus dem Gelächter herausstechenden Ton entlud sich ihr Unwohlsein in Fahrtrichtung und rann dann die Scheibe hinunter. Jetzt waren alle still. Ja, Gondeln schaukeln weltweit.

VERSCHWOMMENE BLICKE

Ich glaube ja, Teile des brasilianischen Volkes haben ihr Land seit Jahrzehnten nur noch verschwommen wahrgenommen.
So wie ich ja auch glaube, dass ein Bauarbeiter, der den ganzen Tag mit dem Presslufthammer auf einer Straße rumfuhrwerkt, am Abend gerade Linien und rechte Winkel für Verschwörungstheorien hält, weil es die in seinem verwackelten Weltbild einfach gar nicht geben kann.
Ich weiß nun wirklich nicht, mit wie vielen Schlägen pro Minute ein handelsüblicher Presslufthammer Werkstück und Werkzeugführer durchrüttelt, doch Sambatänzerinnen sind schneller. Bitte, bitte, bitte, gehen Sie zu einer Samba-Show. Sie werden dort stehen und sofort grinsen, weil Sie sich an diese Worte erinnern und mir recht geben werden. Die Frauen haben in der Hüftgegend eine Rüttelfrequenz, die einen Presslufthammer wie die Ruhe eines Zen-Buddhisten erscheinen lässt. Wie machen die das? Ist da was kaputt?

Manchmal, wenn Sie dann zwischendurch den Eindruck haben, die Sambatänzerin steht nun endlich mal ganz still da, wird es wahrscheinlich eher so sein, dass sie den Hintern nun derartig schnell kreisen, wippen und eben rütteln lässt, dass es für ihr Auge einfach nicht mehr wahrnehmbar ist.
Selbstverständlich sehen Sie Samba nie so schön wie beim Karneval. Ob nun beim Straßenkarneval in ganz Brasilien oder in Santiago de Bahia. Oder beim Küren der besten Sambaschule im „Sambódromo" in Rio. Doch auch wenn Sie nicht in der Karnevalszeit in Brasilien sind, bieten selbstverständlich viele Sambaschulen und Theater Shows an. Und es gibt Kurse zum Selbstlernen, -wippen, -kreisen und -rütteln.
Falls Sie schon mal die Möglichkeit hatten, in Afrika bei diver-

sen Festen afrikanische Tänze zu sehen, werden Sie feststellen, dass diese manchmal dem Samba Brasiliens nicht unähnlich sind. Das hat auch seinen Grund, denn Samba hat durchaus afrikanische Wurzeln. Das Wort „Samba“ geht aus einem Sammelnamen hervor, der für viele Tanzformen gefunden wurde, die im 19. Jahrhundert von afrikanischen Sklaven aus dem Kongo, dem westlichen Sudan und Angola in ihre neue Heimat Brasilien mitgeführt wurden. Der Rhythmus der getrommelten Bouquets gilt als Ursprung der Sambamusik. Der „samba de roda“, also der „Kreistanz“, gilt quasi als Keimzelle des heutigen brasilianischen Samba.

So viel zum theoretischen Teil. Denn Ihnen die rechte Hüftwackelei beizubringen, liegt außerhalb meiner Fähigkeiten. Versuchen Sie es einfach, auch wenn Sie wohl nie so schnell werden können wie die brasilianischen Tänzerinnen, die es schlicht im Blut haben!

Und noch etwas: Wenn Sie mal von einer wilden brasilianischen Sambatänzerin angestarrt werden, bilden Sie sich nichts darauf ein. Sie muss nicht in Sie verliebt sein, sie versucht vielleicht nur, Sie bei all der Rüttelei zu fokussieren.

DIE WAHNWITZIGE KARNEVALSIDEE

Ich hatte meine Reiserouten nicht nur wegen der jahreszeitlichen Wetterschwankungen auf dieser Welt und somit aufgrund meiner Sonnenlust gewählt, sondern auch, weil ich Festivitäten erleben wollte. Wie das chinesische Neujahrsfest einmal in China, ein anderes Mal in Indonesien und auch sonst in Asien. Ich habe mehrfach Songkran in Thailand erlebt, das Sumfest in Jamaika, das besonders beeindruckende Hindu-Fest Thaipusam in Kuala Lumpur, und viele weitere Feste, Festivitäten und religiöse Anlässe. Und natürlich auch mehrfach Karneval in Süd- und Mittelamerika und der Karibik. Und nun endlich wollte ich auch den so berühmten Karneval in Rio miterleben dürfen. Mein Hotelportier Egon verschaffte mir eine sehr teure Karte für die Abschluss- und Siegesparade der Karnevale von Rio de Janeiro. Nichts hätte mich vom Karneval in Rio abhalten können. Ich war nicht überrascht, dass mich der Karneval noch mehr beeindruckte, als ich mir vorher ausmalte.

Mein brasilianischer Hotel-Egon, der neben sage und schreibe sieben anderen Sprachen auch Deutsch beherrschte, bot mir an, für 1.700 Real, also ungefähr 320 Euro, direkt in der Parade der

Sieger-Samba-Tanzschulen mitzulaufen. Mit Kostüm und allem.
Ich!
Ich meine: Ich??
Der Gedanke, als Deutscher mitten unter den anregend hüftschwingenden Frauen und – was eher deprimierend als anregend sein würde – den muskulösen Männern mitzulaufen, nein, mitzutanzen, erheiterte mich sehr. Noch mehr erheiterte mich allerdings die Vorstellung, auch jeder andere Deutsche, und sei er noch so ein dröger Spießer, würde das gleiche Angebot bekommen. Was würde passieren? Könnten diese spaßbefreiten Deutschen da ihren Weltschmerz mal für ein paar Stunden vergessen? Würde die Anmut, die bislang unter deutschem Frust verborgen war, herausbrechen und würde sie allen persönlichen und gesellschaftlichen Ballast abwerfen können und das Temperament der Brasilianer aufnehmen?

Mein Hotel-Egon glaubte an mich

Mann, wäre das nicht schön!? Könnte die Welt dann sehen, wie auch der humorentwöhnteste Landsmann den gefühlten Ärmelschoner samt imaginärer Nickelbrille in die Ecke feuert und hüftschwingend ausflippt? Würden wir erleben, wie die durchaus attraktiven Frauen aus Deutschland mal für ein paar Stunden Elternabende, Altersvorsorge und Kalorienzählerei vergessen, um einfach nur im flimmernden Nichts auf der Haut zu tanzen und mit dem Federschmuck im Haar durchzudrehen und all den Frust wegzufächeln?
Jaaaaaa!
Ich war regelrecht in diesen Gedanken verliebt. Ich war drauf und dran, die Copacabana nach Deutschen abzusuchen und sie überreden zu wollen, mitzutanzen.
Doch dann drängte sich mir ein anderer und beängstigender Gedanke auf. Ich könnte versehentlich deutsche Baum-Umarmerinnen und andere Spaßbremsen dazu bringen, mit einem traurigen und besorgten „German-Angst-Blick“ zum ersten Mal in der Geschichte den brasilianischen Karneval in den Abgrund deutschen Trübsinns zu stürzen.
Das Bild, wie der Zug der tausenden bunt geschmückten, wippenden und singenden Brasilianerinnen und Brasilianer in eine Schockstarre verfällt, weil den lebenslustigen Brasilianern durch den wässrigen Blick der Deutschen plötzlich Baumbestände und Wasserqualität des

Heimatlands bewusst würden, und sich die feder- und strassbesetzten Tänzer Lemmingen gleich am Ende der Siegesstraße dem kollektiven Selbstmord nähern, ließ mich die Suche vorzeitig stoppen. Brasilien würde Deutschland dann nämlich noch am gleichen Abend den Krieg erklären und wir wüssten nicht, wie wir unsere Soldaten für den Samba-Krieg anziehen sollten.
Irgendwann erwachte ich aus meinen trübsinnigen Fantasien und ging brav auf die Zuschauerränge.
So ein bisschen deutsch bin ja dann eben doch auch ich.

MEIN KARNEVALSIRRTUM

Direkt am Abend vor der großen Parade der Sambaschulen im Sambodromo lernte ich Marcy kennen. Man konnte auf den ersten Blick sehen, dass sie Samba im Blut hatte, und so wunderte es mich nicht, dass auch sie selbst bei der Parade mitlaufen – also mittanzen, -wippen und -feiern würde. Sie startete für die Samba-Schule „Unidos da Tijuca", die letztlich auch den Wettbewerb gewinnen sollte. Auch die süße Marcy fragte mich erneut, ob ich nicht mitlaufen wollte, doch ich enttäuschte mich selbst und traute mich nicht. – Ehrlich, ich ärgere mich noch heute, dass ich so ein verfluchter Schisser war. – Anderseits hat mich das Gesehene voll entschädigt.
Also ging ich zu Egon und kaufte ein Ticket für 1.000 Real, was knapp 200 Euro waren, für den wohl preiswertesten Stehbereich oberhalb und gegenüber den Logen, und sah nur zu. Was heißt „nur"? – Es war wunderbar!
Ich genoss jeden Schritt, jeden Ton, jeden Hüftschwung und jedes prächtige Gefährt mit voller Hingabe. Das unglaubliche Spektakel mit all seinen unglaublichen Kostümen, Wagen, Rhythmen und Menschen zog an mir vorbei und ich konnte mir ohnehin nicht vorstellen, das im Sitzen still zu verfolgen. Von Minute drei an tanzte ich mit.
Was mir bei den Rio-Fernsehbildern daheim nie so richtig klar wurde, ist, dass es für diese Paraden ein extra Areal gibt. Die 1984 von Oscar Niemeyer erbaute Tribünenstraße ist 700 Meter lang und bietet immerhin 88.500 Menschen Platz. Sie wirkt wie ein künstliches Flussbett, das einen sehr bunten, lauten und wogenden Strom bändigen soll, mit all den Tausenden irrsinnig geschmückten Menschen und vielen unglaublich geschmückten Wagen.
Es begann um 20 Uhr und zunächst kamen besondere Tanzschulen, bei denen viele

Rollstuhlfahrer und andere Menschen mit Handicap ihren Umzug strahlend feierten. Schon sie wurden frenetisch bejubelt und man selbst war dabei.

Ab 21 Uhr kamen die anderen Tanzschulen. Ich war sofort baff von der Pracht und strahlte die ganze Zeit vor mich hin. So sieht Glück aus, wenn es tanzt, dachte ich noch. Nach einer Stunde war der letzte Wagen durch und die Putzkolonne kam.
Ich weiß noch, wie ich dachte: „Na ja, ein bisschen kurz, aber es waren sicherlich 3.000 Menschen, die in vielleicht 30 Bildern an den jubelnden Massen vorbeizogen." Ich war glücklich und zufrieden, wenn auch überrascht. Um ein Haar wäre ich gegangen. Bis ich Karnevalstrottel begriff, dies war nur die erste Sambaschule. Irre! Zehn weitere Sambaschulen mit einem ähnlichen Aufgebot an Wagen, Kostümen und vor allem Menschen sollten noch

kommen. Und einfach jedes Mal kommt danach die Putzkolonne durch. Ich glaube, die Putzkolonnen hätten auch den Ärmelschonerdeutschen gefallen. Der Khaki würde jubeln: „Das machen die aber alles fein sauber." Und auch die Tatsache, dass diese Truppe jedes Mal vom Publikum gefeiert wurde, hätte den Khakis Vertrauen in die Ordnung der Welt gegeben. „Ursel, es ist noch nicht alles verloren. Die Ordnung kehrt zurück. Verstehste, Ursel ... KEHRT zurück! Hahaha ..." Und auch mir kam der Gedanke, man müsste eben immer nur zu jeder Umweltaktion Sambamusik auflegen. Was die so engagierte Greta Thunberg nicht alles erst in Glitzerbikini und Federschmuck erreichen könnte.

Nicht?

Na gut.

Weiterhin war unentwegt alles am Tanzen und Singen. Es war fantastisch. Ich habe, nachdem ich sieben Stunden gestanden und für deutsche Verhältnisse ausgelassen getanzt habe – für brasilianische Augen also hölzern rumstand –, gegen drei Uhr morgens das Gelände verlassen und bin noch auf die angegliederte Megaparty gegangen, die auch eindrücklich war.

Marcy konnte ich leider nicht sehen. Denn ihre Sambaschule „Unidos da Tijuca" hatte erst um 4.30 Uhr am Morgen ihren Auftritt und trat zu ihrem gut einstündigen Marsch an. Offensichtlich tanzte sie wohl alles in Grund und Boden. Ich war nun doch ganz froh, nicht mitgelaufen zu sein.

Aber es war fantastisch. Ich weiß, es ist nicht der Straßenkarneval und es ist nicht Salvador de Bahia, wo es wohl den prächtigsten brasilianischen Straßenkarneval gibt, aber es war atemberaubend.

Und nächstes Mal nehme ich ein paar Landsleute mit und widerspreche meinen eigenen Vorurteilen.

Na, vielleicht doch besser nicht.

Bekleidet und doch bejubelt

GENE UND SKALPELLE

Wenn man aus einem Land kommt, in dem sich ein Ex-Kanzler bis aufs Messer gestritten hätte, dass er seine altersgemäß grauen Haare NICHT tönt, ist es schwer zu verstehen, dass man Schönheitschirurgie für etwas ganz Normales halten kann.

Daraus lernen wir zunächst nur zwei Dinge: Dass Gerhard Schröder offensichtlich kein Brasilianer ist und auch – bislang – ausgerechnet mit einer Brasilianerin nie verheiratet war. Und dass in Brasilien nicht jede Schönheit naturgegeben ist.

Ich hörte in Brasilien das Motto: „Es gibt keine hässlichen Menschen, es gibt nur arme Menschen." – Soll heißen, was immer man bezahlen kann, kann auch gemacht werden. Wieso sich also auf diesen lästigen Gen-Pool verlassen?

Im Jahr 2020 haben sich 1,3 Millionen Brasilianer und Brasilianerinnen chirurgisch verschönern lassen. Also fast 3.600 am Tag. Mehr Schönheitsoperationen gab es 2020 nur in den USA. In welchem Land man erfolgreicher war, kann man bei einer Rundreise in beiden Ländern sehen. Und da sind kanzlereske Haartönungen ausdrücklich nicht mitgerechnet. Doch selbst der durchschnittliche Verbrauch an Haarfärbemitteln und Botox ist weltweit nirgends so hoch wie in Brasilien.

Es beruhigt irgendwie ein bisschen meine leider wachsende deutsche Mittelstandswampe, dass auch in Brasilien die Fettabsaugung auf Platz eins des OP-Menüs steht. Doch bald danach kommen Brustoperationen, Facelifting, Nasen- und Lippenkorrekturen. Sehr beliebt sind auch Po-Vergrößerungen und -straffungen. Aber auch die Verschönerung jener Körperteile, die selbst am Strand von Rio immer verdeckt sind. Also Operationen für einen eher ausgewählten Betrachterkreis.

Und jetzt die gute Nachricht für unsereins. Wann immer wir uns noch nicht gänzlich bar jeglicher Selbstkritik durch Brasilien bewegen und sehen, wie die schönen Menschen geradezu unverschämt schön umhertänzeln, bleibt uns immer die Ausrede: „Pah! Die sind doch operiert!"

So nun hier als wirklich sehr spezieller Service für reisende Frauen, wie Sie ihn ganz sicher in keinem anderen Reisebuch finden werden. Ein paar Sätze, die unsere Frauen im Schönheits-Ernstfall vielleicht sich selbst, aber in jedem Fall ihren mitgeschleppten und nun ständig den Brasilianerinnen nachglotzenden Männern sagen können.

1. „Wusstest du – unverschämt lüstern grinsendes Honigkuchenpferd –, dass zum Beispiel die Miss Brasilien von 2003 mit gerade mal 22 Jahren schon 19-mal operiert wurde?!"

2. „Wusstest du – geifernder alter Sack –, dass es in Brasilien immer üblicher wird, schon zum 18. Geburtstag ein paar neue und aufgeblasene Brüste zu verschenken?!“
3. „Wusstest du – der du ja nun auch nicht nach Brad Pitts Cousin dritten Grades aussiehst –, dass diese Silikonkissen – die du Halbblinder auch noch für echte Brüste hältst – nur eine begrenzte Haltbarkeit haben und dann wieder raus müssen?!“
4. „Wusstest du – der du deine untere Körperhälfte auch nur aus dem Spiegel kennst –, dass auch in brasilianischen Popos immer mehr Silikonkissen drin sind und nicht so viel Natur wie bei mir oder gar bei dir?“
5. „Und wusstest du – ehemaliger Mann meiner sicher alkoholgeschwängerten Träume –, dass auch die brasilianischen Männer extrem viel für ihr Aussehen tun und schon 22 Prozent der Schönheitsoperationen an Männern durchgeführt werden?! – Also auf, Pummelchen, bevor sich dein Körper gänzlich der Schwerkraft ergibt!“

Sehr wahrscheinlich wird der Angesprochene das alles nur mit einem Achselzucken quittieren und weiter in der Gegend umherstieren, doch Sie werden sich viel besser fühlen. Denn Sie haben ja recht, meine Damen.

SALVADOR DE BAHÍA

Nun stellen Sie sich doch mal vor, Sie kämen in Deutschland in eine Stadt, die da hieße: „Heiliger Erlöser von der Bucht der Allerheiligen“. Da wüssten Sie doch, dass hier nun nichts mehr schiefgehen kann. Klingt zwar nach leicht erhöhter Kirchensteuer, aber ansonsten? Bei dem göttlichen Schutz?

Besagte Stadt ist freilich nicht in Deutschland, sondern in Brasilien und heißt „São Salvador da Bahia de Todos os Santos“ oder kürzer „Salvador de Bahia“ oder am kürzesten „Salvador“.

Die Stadt mit dem längenvariablen Namen ist immerhin die drittgrößte Brasiliens und liegt von Rio für brasilianische Verhältnisse nur ein Stückchen die Küste hoch. Das sieht auf der Landkarte nach nichts aus, sind aber doch mehr als 1.600 Kilometer. Dabei ist zu bedenken, dass Brasilien so groß ist, dass es mehr als 47 Prozent des gesamten südamerikanischen Kontinents ausmacht und 23.000 Kilometer lange Grenzen hat. So gesehen – das müssen Sie zugeben – klingen in Brasilien die 1.600 Kilometer zwischen Rio und Salvador ein bisschen nach

ausgedehntem Wanderweg. Auch wenn ich ahne, dass meine diesbezüglichen beschreibenden Bemühungen nicht auf fruchtbaren Boden deutscher oder brasilianischer Herkunft fallen werden, so möchte ich an dieser Stelle doch die Möglichkeit erwähnen, dass man diese Strecke auch mit dem Bus fahren kann. Dem Vernehmen nach – auch ich saß im bösen, bösen Flugzeug – soll die Strecke ganz schön sein. Und sie dauert circa 30 Stunden. Ich weiß, bei „ganz schön" und „Bus" haben Sie für eine Sekunde gedacht: „Ach ja, warum eigentlich nicht?", nur um bei „30 Stunden" diesen Gedanken sofort wieder zu verwerfen. Ich wollte es ja auch nur erwähnt haben.
Also: Wenn Sie dann – nun also doch mit dem Flugzeug – Salvador erreicht haben, werden Sie sich vermutlich recht schnell verlieben. Diese ehemalige Hauptstadt Brasiliens teilt sich in eine Oberstadt und in die circa 70 Meter tiefer liegende Unterstadt. Am schnellsten kommen Sie mit einer der vier Kabinen des „Elevador Lacerda" von einem Teil der Stadt in den anderen. Mit einem Fahrstuhl von Stadtteil zu Stadtteil, hat ja auch was. Selbstverständlich fahren auch Busse die Strecke oder Sie können sich ein Auto nehmen.
Salvador de Bahia hatte auf mich eine eigentümliche Wirkung. Natürlich wusste ich um die Größe der Stadt und auch um den Fakt, dass sie zu diesem Zeitpunkt auf Rang 13 der weltweit gewalttätigsten Städte ausgerechnet in jener Statistik stand, die ich zu-

Prost, cheers und saúde, Brasilien!

Was will man denn noch?

vor gelesen habe. Aber ich war auch schon in ein paar der Städte, die höher in dieser zweifelhaften Rangliste stehen und wusste auch, dass die meisten Gewalttaten bei Nacht und vor allem in den Randbezirken und unter Gangs stattfinden.
Trotz des unvorsichtigen Konsumierens dieser Abschreckungsliste hatte ich ein eher warmes Gefühl für Salvador. Manche Städte können das. Kapstadt in Südafrika wirkt sicherer und eben „wärmer“ als Johannesburg, muss es aber nicht sein. Und so ging es mir eben mit Salvador in Brasilien. Mag es daran gelegen haben, dass ich zuvor länger im brodelnden Rio war und auch schon einen Kurzabstecher nach der Landung durch São Paulo unternommen hatte. Eine Stadt übrigens, die auf besagter Liste noch ein Stück über Salvador stand. Rio und São Paulo haben nicht diese „Ich nehm' dich in den Arm“-Ausstrahlung, die eben Salvador hier oder Kapstadt in Afrika haben. Wie gesagt: Nur ein Gefühl. Es kann auch daran gelegen haben, dass Salvador wie kaum eine andere brasilianische Stadt mehr unter afrikanischen Einflüssen steht. Das sieht man fast beim ersten Blick auf die Bewohner. Die Stellung der sogenannten Afrobrasilianer ist in keinem anderen Landesteil so stark. Besonders in der Musik, der Küche und der Religion ist das zu spüren. Der Candomblé ist die wichtigste afrobrasilianische Religion und Sie werden dieser Religion gerade in Salvador immer wieder begegnen. Neben der Musik, die immer und immer wieder zu hören war, hat mich eben die besondere und sowohl afrikanisch als auch kreolisch geprägte Küche sehr in den Bann dieser Stadt geschlagen. Vom Vatapá, einem Mus aus Krab-

ben und kleinen Fischstücken, das mit Cashewnüssen, Zwiebeln, Koriander, Ingwerwurzel, Palmöl, Bohnen und Kokosmilch zubereitet wird, über den Fischeintopf Moqueca und jenen Bällchen namens Acarajé aus Bohnenmus und Krabben, die es in Palmöl frittiert an jeder Straßenecke gibt. Bis hin zu den Lieblingsgerichten aller Brasilianer: Churrasco und Feijoada. Das eine ist sehr gut gegrilltes Fleisch vom Spieß und das andere letztlich ein Bohneneintopf.

So zog mich Salvador de Bahia mit seinem Essen, der Musik, den Gebäuden und den Menschen immer mehr in einen Sog, der mich aus dieser Stadt gar nicht wieder weg lassen wollte. Ich bummelte durch die Altstadt rund um den sogenannten Pelourinho, besuchte den Leuchtturm von Barra, schaute kurz beim WM-Stadion „Arena Fonte Nova“ vorbei und ging noch in einige Kirchen, die meist katholisch sind. Was soll ich sagen, ich fühlte mich wohl. Dann noch ein schönes Buffet im „Restaurante Escolar“ – eine Art Kellnerschule – und vergessen waren die Kriminalitätsstatistiken beinahe, wenn auch niemals ganz. Doch nach meinem Weltreisemotto „Don’t be stupid!“ – „Sei nicht blöd!“ –, unternahm ich auch in Salvador und in ganz Brasilien nichts, was mir gefährlich erschien. Es gibt eben in vielen Städten dieser Erde Teile, in denen man schlicht nichts zu suchen hat. Und man muss auch nicht gerade die Ärmsten mit vor sich hin getragenem Reichtum dazu provozieren, es sich nach den zehn Sekunden Angst eines Überfalls mit den nun den Besitzer gewechselten Sachen ein paar Wochen besser gehen zu lassen. Ich tat das also alles nicht und genoss diese Stadt sehr.

Wenn Sie das auch und mehr wollen, kommen Sie zum Straßenkarneval nach Salvador da Bahia. Dann ist die Stadt all das, aber noch potenziert.

Ich verspreche ja ungern Erlebnisse, die Sie schon selbst machen müssen. Doch wenn Sie der Straßenkarneval in Salvador da Bahia nicht beeindruckt, sollten Sie es sich doch besser auf der heimischen Couch gemütlich machen.

SÃO PAULO

Da guckt er!

Ich weiß nicht genau, ob ich Sie wirklich nach São Paulo schicken soll oder nicht. Vermutlich wird es Ihre Airline tun, da die meisten Flugzeuge von Europa nach Brasilien in São Paulo zumindest eine Zwischenlandung einlegen.

Nun werde ich aber nicht so arrogant sein und Brasiliens größte Stadt mit mehr als zwölf Millionen Einwohnern einfach weglassen. Aber da dies nun mal kein herkömmlicher Reiseführer ist, sondern wahre Geschichten meines puren Reisens erzählt, darf ich schon erwähnen, dass ich von São Paulo nicht so großartige Geschichten zu erzählen habe, wie sie mir in Rio, Salvador oder dem Amazonas begegnet sind.

Ja, ich höre Sie schon aufschreien, die Fans von São Paulo, die oft da waren oder lange dort lebten: „Wie kann man nur DIE Metropole Brasiliens nicht als DIE Metropole Brasiliens darstellen? Wo es doch das wichtigste Wirtschafts-, Finanz- und Kulturzentrum Brasiliens, ja wenn nicht gar ganz Südamerikas ist!!! Und auch noch DER Verkehrsknotenpunkt Brasiliens!!! Und überhaupt, wo sie doch als DIE multikulturelle Stadt Südamerikas gilt, mit portugiesischen, italienischen, deutschen, libanesischen und japanischen Einflüssen. Zudem muss mal aufgeräumt werden mit den Gewaltberichten. Seit Jahren fällt die Mordrate und São Paulo gilt nun als eine der sichersten Städte Brasiliens."

Ja, lieber São Paulo-Fan, das weiß ich auch. Mir ist nur nicht ganz klar, warum man für jede Stadt die schwärmerische Werbetrommel rühren soll, nur weil sich das so in Reiseführern eingeschlichen hat. Ich bin schlicht kein Fan von São Paulo und will auch nicht so tun.

Ach was, wo ich gerade dabei bin. Also: Ich kann São Paulo nicht leiden! Wie Caracas in Venezuela, wie Maputo in Mosambik, wie Kuwait-Stadt, wie Johannesburg in Südafrika, wie Bandar Seri Begawan in Brunei, wie Cebu auf den Philippinen, wie Los Angeles in den USA, wie Papeete in Tahiti, wie Kassel.

Erschrocken? – Macht nichts! Und falls es Sie trösten sollte, von diesen Städten ist São Paulo die mit Abstand spannendste Stadt.

Also machen Sie nur, fliegen Sie hin, bleiben Sie dort, entdecken

Sie die Stadt, suchen Sie das Liebenswerte, finden Sie das sicherlich Großartige, das es in jeder Stadt gibt. Selbst in Halle/ Saale. Essen Sie toll, begegnen Sie großartigen Menschen, knipsen Sie schöne Fotos und erzählen Sie davon. Für sich, für andere und schreiben Sie es auf. Und wenn Sie dann eine wirklich schöne Geschichte zu São Paulo haben, schreiben Sie ein Buch.

Ich lese es garantiert. Deal?

ALSO AMAZONAS, JA?

Der Amazonas ist nicht nur einfach ein Fluss, nicht mal nur einfach ein sehr großer Fluss – immerhin der zweitgrößte der Erde –, er gab auch dem größten Bundesstaat Brasiliens seinen Namen. Amazonas – das Gebiet – liegt im Nordwesten Brasiliens und seine Hauptstadt ist Manaus. Immerhin eine Stadt von zwei Millionen Einwohnern. Der große Rest von Amazonas ist dann eher unterbevölkert und mehrheitlich Regenwald.

Denkt man an Amazonas, so denkt man freilich weniger an Manaus oder vielleicht nicht mal an den Fluss, man denkt an jenen tropischen Regenwald, der schon immer die Fantasie der Menschen besonders beflügelt hat. Der aufregende Gedanke, einmal ein Stückchen auf dem Amazonas entlangzufahren, sich einmal mit der Machete durch den Regenwald zu schlagen und einmal Gefahren zumindest zu erahnen, die einem zwischen heimatlicher Einbauwand und Eiche-Furnier-Ausziehtisch nicht erwarten, hat schon für viele die Aura des letztmöglichen Abenteuers in einer zu technisierten Welt. Und ja, das ist da durchaus noch erlebbar.

Nun ja, Sie werden der Technik nicht eben aus dem Weg gehen können und sollten nicht staunen, wenn zum Beispiel Ihr Bootsführer mitten in einer nach Urzeit aussehenden tropischen Landschaft an sein Handy geht, das kurios fiepsend einen Lady-Gaga-Klingelton mitten auf dem Amazonas erschallen lässt.

Von Rio aus kann man mit einem Zwischenstopp in São Paulo in gut sechs Stunden, aber für unter 200 Euro nach Manaus fliegen. Die Stadt wirkt wie ein wilder Mix aus Modernität und Armutssiedlung. Aus Strandgebiet und wichtigem Umschlagplatz. Und all das ist Manaus auch. Man sieht Sehenswürdigkeiten, weil man sie sehen will. Denn wirklich viel gibt es nicht. Wie das Kulturzentrum Espaço Cultural Largo de São Sebastião. Oder eines der schönsten Opernhäuser der Welt, das Teatro Amazonas. Und auch

noch die Kirche Igreja São Sebastião und die eindrucksvolle und 3,5 Kilometer lange Brücke Ponte Rio Negro. Aber nach einem Tag ist man letztlich durch und dann sieht man auch immer mehr die Armut und bekommt ein Gefühl für die – sagen wir mal – „dunkle Seite" der Stadt.

Doch die einzige tatsächliche Sehenswürdigkeit hier ist ohnehin die Natur. Wenn Sie denn möchten, unternehmen Sie eine Amazonas-Tour und erleben Sie endlich, wovon Sie schon früher im Kinderzimmer geträumt haben. Wenn schon, dann empfehle ich eine Tour von drei Tagen und zwei Nächten und kann kleine Lodges wie die Jumba-Lodge empfehlen. Die ist zwar nicht gerade die Billigste, aber vergleichsweise schön und vor allem auch sicher, da sie stetig bewacht wird.

Sie werden schon von der Überfahrt im kleinen Schnellboot ganz angetan sein. Die knapp sechs Kilometer machen Spaß und ja, da kommt schon so ein „Was zum Geier mache ich hier eigentlich Geiles?“-Gefühl auf. Mit Glück sieht man die rosa Amazonasdelphine und wenn man an jener Flussstelle angekommen ist, die der auf Land gelegenen jeweiligen Lodge am nächsten ist, sollte man dem Bootsführer und sich ein Dosenbier genehmigen, womit man sich hier schnell Freunde macht. Nach der Bootsüberfahrt dauert es mit einem Gefährt im Zustand zwischen „Gebraucht“ und „Antik“ dann noch gut eine Stunde bis zur Lodge.

Wie es in welcher Lodge weitergeht, ist natürlich von Anbieter zu Anbieter unterschiedlich. Es gibt meistens zwei bis drei Touren am Tag und Sie können viel erleben und trotz des natürlich touristisch aufgearbeiteten Programms ein wirkliches Abenteuer erleben. Und im Ernst, hier draußen sollten Sie keine Sekunde darüber nachdenken, eine Tour unorganisiert zu unternehmen. Es sei denn, Sie haben sie als Abschiedstour von diesem Planeten geplant. Dann wäre es zugegebenermaßen originell. Bitte hören Sie geradezu hingebungsvoll auf Ihren Guide. Er weiß, was er tut, und will Sie da, mit allem, was er hat, gut erhalten durchbringen. So haben Sie jeden Tag diverse Möglichkeiten, unterschiedliche Touren in kleinen Booten zu unternehmen und sich ein bisschen wie Indiana Jones zu fühlen, oder wahlweise wie Lara Croft.

Die durch die schwüle Hitze nötigen Mittagspausen wird man Ihnen mit sehr schmackhaftem Essen verkürzen und am Abend haben Sie die wundervolle Möglichkeit, mit anderen Abenteuersuchenden aus aller Welt ins Gespräch zu kommen. Sie werden es vermutlich genießen.

Jetzt sind Sie dran. Viel Spaß!

Moment, Moment! Was heißt denn hier „vermutlich“?

Ahh, haben Sie bemerkt, ja. Also gut.

Sagen wir mal so. Ja, ganz ehrlich, für meinen Geschmack gibt es da zu viele Mücken, zu viele Gefahren, auf die der Guide ständig hinweist. Es war mir zu schwül und ich hatte in solchen Gegenden – trotz des „Was mache ich denn hier Geiles?“-Gedankens – nicht durchweg eine gute Zeit. Irgendwas bekam mir da nicht und so nahm der Genuss recht schnell ab. Und dann kam da noch eine Weltenbummlerproblematik hinzu, die ich leider nicht ausschalten konnte. Das Vergleichen. Kaum würde ich da entlangschippern und jede einzelne Mücke verfluchen, kämen da wieder diese Fragen in mir hoch. „Wäre ich

jetzt nicht lieber auf einer Safari im südlichen Afrika?" „Würde ich nicht lieber die Weiten der Mongolei besuchen?" „Wie war das noch mal im Outback von Australien?" „Oder im Mekong-Delta in Vietnam?" „Wie es jetzt wohl in den Wüsten des Nahen Ostens wäre?" Und so weiter. Ich persönlich bin also nicht so sehr der Typ für dieses eher dunstige, feuchte Abenteuer. Warm und trocken, ja, heiß und staubtrocken liegt mir mehr. Bekommt mir auch mehr.

Und so war für mich der Amazonas quasi eine Quintessenz meiner Brasilienreisen. Selbstverständlich sehr spannend, eindrucksvoll und angefüllt mit tollen Erlebnissen. Aber ein Reisemuss? Der Amazonas und Brasilien? Hmmmm.

Ja, ich hatte eine tolle Zeit in zwei Städten, wobei ich aber die Stadt Rio selbst nicht besonders mag. Die anderen Städte waren interessant und gut, weil ich eben hier war, weil ich sie sehen durfte. Hätte ich das gebraucht? So wie Japan, Thailand, Argentinien, Costa Rica und einige andere? Nein. Soll ich Ihnen pauschal dazu raten, Brasilien zu sehen, und dann auch noch den Amazonas? Nein. Sollte ich Ihnen abraten, wie ich es ja auch hin und wieder bei Ländern und Städten tue? Auch nicht. Brasilien kann man machen, muss man aber auch nicht.

Also: Wenn es spannende und vielleicht auch sicherere Optionen in Ihrer Reisewunschliste zu Brasilien gibt, warum schauen Sie nicht erst einmal dort?

WELTENBUMMLERSTERNE

KLOS & CO.

„Wie soll man denn heutzutage noch entscheiden, wohin man sicher reisen kann?“ Meine Antwort: „Frag den Weltenbummler!“ Meine Weltenbummlersterne gibt es in verschiedenen Kategorien. Vom so extrem wichtigen Thema der Sicherheit über die Beschaffenheit der Klos bis letztlich zu meinen teils sehr persönlichen Erfahrungen und einer Weltübersicht. Starten wir aber sanft. Bevor ich das allererste Mal auf Weltreise ging, sagte eine Freundin zu mir: „Das könnte ich nicht. Ich wüsste ja nie, wo ich aufs Klo gehen kann.“ Und so verschrieb ich mich auch der Aufgabe, mir weltweit die Klos genauer anzusehen. Und siehe da, die Unterschiede sind zwar teils groß, aber es gab eine Art „Klobalisierung“, die einen nicht sofort abreisen lässt, um dann lieber doch aufs heimische Porzellan zu flüchten.

Auch die Wasserqualität bewerte ich mit Weltenbummlersternen. Und ja, auf Reisen vermisse ich oft das deutsche Wasser. Qualität, Druck und Temperatur. Beim „Essen“ werte ich Geschmack, Verträglichkeit der hiesigen Küche und die Sauberkeit der Restaurants. Der „Erlebnisfaktor“ eines Landes geht von einem Weltenbummlerstern für zum Beispiel Brunei – das für mich langweiligste Land der Erde – bis zu fünf Weltenbummlersternen für Länder, in denen Sie ständig etwas erleben können.

Und schließlich bewerte ich bei der „Touristentauglichkeit“, ob ich denke, mehr als 50 Prozent von Ihnen mit gutem Gewissen dahinschicken zu können. Inklusive der Freundlichkeit der Einwohner, deren Sprachkenntnisse und der touristischen Infrastruktur im Gastland.

Weltenbummlersterne	Klos	Sauberkeit	Wasserqualität	Essen	Erlebnisfaktor	Touristentauglichkeit
Brasilien	4★	3★	3★	4★	3★	3★
Argentinien	5★	4★	4★	4★	4★	5★
Bolivien	3★	2★	3★	3★	3★	2★
Chile	4★	3★	3★	3★	2★	3★
Peru	3★	3★	2★	3★	3★	3★
Uruguay	3★	2★	2★	2★	2★	2★
Paraguay	3★	3★	3★	2★	2★	2★

KLO-MASSSTÄBE

1★ im Busch
von Botswana

2★ in Tokio

KLO-IMPRESSIONEN

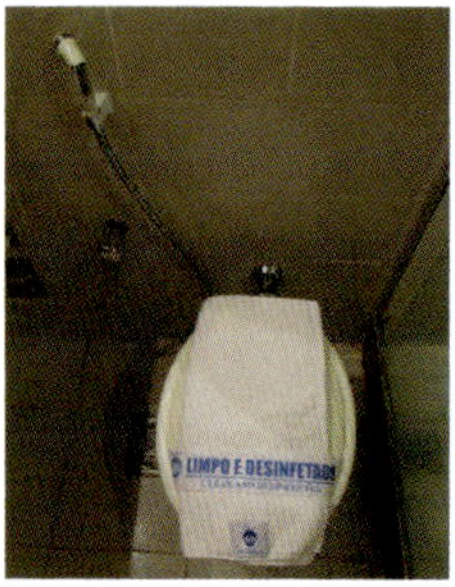

Rio de Janeiro

São Paulo

La Paz

Ausstellung BA

Montevideo

Asunsión

Salvador de Bahia

Buenos Aires

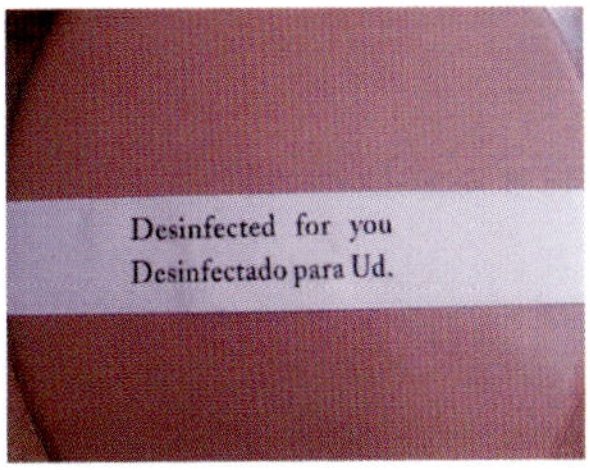

Lima

Santiago de Chile

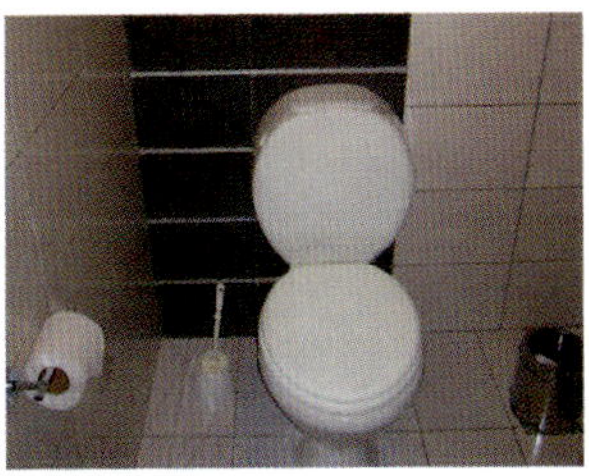

Santa Cruz

Mein Flugzeugklo Nr. 100!!!

Irgendwo draußen bei Cachi

SIE REISEN NACH ARGENTINIEN?

GLÜCKWUNSCH, SEHR GUTE ENTSCHEIDUNG!

BUENOS AIRES VS. RIO DE JANEIRO

„Südamerika ist Temperament!"

Nun, das ist doch sicher einer jener Sätze, die alles erklären und auf die Sie hingebungsvoll in einem solchen Buch gewartet haben. Nicht? Na, warten Sie, ich erkläre es.

„Südamerika ist Temperament!" – Diese Floskel stimmt wohl, doch heißt das noch längst nicht, dass Sie das gleiche Temperament in Brasilien und in Argentinien antreffen werden. Oder gar dasselbe. Das beste Beispiel dafür ist die Musik. Brasilien ist Samba, Argentinien ist Tango. Und das durch und durch. In jeder Lebens-, Liebes- und anderen Lagen.

Wenn Sie glauben, dass sich diese beiden Völker nur dadurch unterscheiden, dass Samba im 19. Jahrhundert von Afrika ausgehend in Brasilien eingeführt wurde, und der Tango seit 2009 zu den Meisterwerken des mündlichen und immateriellen Erbes der Menschheit laut UNESCO gehört, haben Sie womöglich ein paar schlaue Bücher gelesen, aber Sie waren noch nicht hier. Oder da. Lassen Sie sich also in beiden Ländern einen musikalischen Zugang legen und Sie können an den Unterschieden zwischen Samba und Tango zwei Völker und ihre prägendsten Merkmale festmachen. Die einen wippen mit den Hintern, die anderen versinken in sich selbst.

Wollen Sie in Rio Samba sehen und hören, müssen Sie die Musik suchen und zu ihr gehen. Sie kommt Ihnen – vom Karneval einmal abgesehen – nicht entgegen. In Argentinien und besonders in Buenos Aires lebt der Tango an jeder Ecke und an den Geraden dazwischen auch. Man hört oft die Musik, sieht oft die Tänze, und die Menschen haben ein ewig melancholisches Tangogesicht. Sie werden also dem Tango nicht

Klischee? Aber echt!

ausweichen können. Er wird Sie finden und Sie erlegen!
Es ist, als hätte sich entweder Buenos Aires selbst ein Klischee verpasst oder als hätte sich dieses Volk darauf geeinigt, sich einem schon vorherrschenden Klischee der Welt zu ergeben. So wird Tango auf Plätzen und Straßen getanzt und selbstverständlich auf den vielen Tangobühnen gespielt. Die Gitarren schluchzen weinend den Tango vor sich hin und die Sänger und Sängerinnen sterben jeden Ton.
Die ultimative Reiseempfehlung lautet hier: Genießen Sie möglichst lange Argentinien und Buenos Aires und fliegen Sie dann für nur zwei Tage nach Rio de Janeiro! Die Tiefenwirkung der Argentinier wird Ihnen so bleiben, aber Sie kommen mit dem Lächeln von Rio nach Hause zurück.

STEAKS UND NÄCHTLICHES ESSEN

Mein persönliches Lieblings-Steakrestaurant von Buenos Aires ist das „Des Nivel" im Stadtteil San Telmo. Sie werden in vielen Reiseführern viele Steakrestaurants finden, die das jeweils beste sein sollen, und Sie werden selten enttäuscht werden. Argentinien ist einfach Steak, so wie Italien die Nudel der Welt ist, Japan das Sushi und die Deutschen die Würst … nee, der Vergleich geht dann doch zu weit. Was ich eigentlich sagen will: Es wird nicht wirklich darauf ankommen, welches der vielen Steakrestaurants Sie in ganz Argentinien zu Ihrem persönlichen Highlight erklären, das Steak in Argentinien ist eine ziemlich sichere Bank. Doch nun tun wir mal kurz so, als würden Ihnen meine Worte auch nur annähernd so viel bedeuten wie die Ihres Partners oder zumindest Ihres Versicherungsagenten und Sie würden mir wirklich folgen. Wenn Sie also auf meinen Spuren in das „Des Nivel" weiterziehen, um sich ein doppeldaumendickes, halbblutiges Steak von dem Viermetergrill mit etwas Salat und Käse zu genehmigen, werden Sie es genießen und Buenos Aires auf eine

ganz andere Art kennenlernen. Denn die Argentinier haben auch ein zweites Gesicht, das nicht tangoverzerrt ist.
Kaum zu glauben, aber abends werden Argentinier dann doch noch zu Südamerikanern. Denn wenn man den vor sich hin stierenden Passanten tagsüber in ihre melancholischen Gesichter schaut, wirken sie oft wie im Ausland lebende Europäer, als die sie sich tief im Inneren auch tatsächlich mitunter fühlen. – Sie werden Argentinien nicht wieder verlassen, ohne dass Ihnen mindestens drei von ihnen erzählt haben, wo ihre Europäischen Wurzeln liegen und dass sie sich mehr spanisch, italienisch, britisch oder gar deutsch fühlen, als dass sie sich für vergleichbar mit den Chilenen, Peruanern oder Paraguayern halten. – Sind Argentinier unter Freunden oder gar in der Familie, lassen sie ihre anderen Stimmungen raus und können wahrlich laut feiern und genießen. Auf den kulinarischen Punkt

Unser Lieblingsladen

gebracht: In Argentinien gibt es die besten Steaks der Welt.
Ich habe Kobe-Rind in Japan gegessen, war bei den Grillweltmeistern von Südafrika zu Gast und natürlich können auch die US-Amerikaner formidable Steaks brutzeln. Doch keiner kann es wie die Argentinier. Also gehen Sie in ein Steakrestaurant und bestellen Sie sich El Bife de Chorizo vom Holzkohlegrill. Vielleicht ja auch ein Bife de Lomo. Egal, in Argentinien kommen jährlich zwölf Millionen Rinder unters Messer, da wird schon ein schönes Stück für Sie dabei sein. Ein Genuss wie die ganze Stadt.
Allerdings merkt man schnell, dass die Argentinier nach den Fleischgenüssen kulinarisch schon bald am Ende sind. So viele andere Spezialitäten gibt es hier nämlich nicht. Die Vielseitigkeit, die zum Beispiel die asiatischen Küchen zu bieten haben, werden Sie hier nicht finden. Es gibt Fleisch an Fleisch mit Fleisch nebst Fleischbeilage und einem Salatblatt mit Käse. Plus Empanada für zwischendurch. Meist mit Fleisch drin. Für Vegetarier wird es wohl eher ein müßiges Unterfangen, auf Dauer leckeres Essen zu finden.
Aber noch an einer anderen Angewohnheit in den Restaurants können Sie die Lebensgewohnheiten und die Einstellung der Argentinier festmachen. Am besten erzähle ich Ihnen das anhand eines sehr persönlichen Erlebnisses eben in diesem meinem Lieblings-Steakrestaurant.

Ich hatte einen langen Tag hinter mir, besuchte ein paar Museen, war am Hafen unterwegs und traf auch noch ein paar Freunde in einem Café zum Plausch. Meine Füße waren müde, mein Kopf war dick und vor allem war mein Magen leer. Mein ganzer Körper schrie nach Nahrung. Nach tierischen Proteinen, nach all den bösen Kohlenhydraten und nach einer ausreichenden Anzahl von Kalorien, um nicht den Hungertod auf einer Argentinienreise zu sterben. Was lag also näher als in ein Restaurant zu gehen. Nun gehe ich essen – und sicherlich geht es Ihnen nicht anders –, wenn ich Hunger habe. Der Moment war gegen 19 Uhr endgültig gekommen. So bog ich um die Ecke und öffnete die Tür des Restaurants.

Haben Sie schon mal eine Kin-

derzimmertür aufgemacht, wenn sich dahinter ein ganzer Schwung 10-Jähriger getroffen hat, um irgendwelche Geheimbünde zu schließen? So wie diese entdeckten und überraschten Rotzlöffel haben mich die Kellner, Kellnerinnen, Köche und Steak-Brutzler angeschaut. Ich bin vor lauter Schreck einen Schritt zurückgegangen, weil ich echt den Eindruck hatte, schwer zu stören. Doch sie schauten mich weiter an. Und wie ich so in ihre Augen und Gesichter blickte, hatte ich nun weniger die Assoziation der überraschten Kinderzimmerschar als die der Mafia-Filme, in denen ein bald komplett durchsiebtes Opfer zufällig in eine Cosa-Nostra-Besprechung platzt. Also ging ich noch einen Schritt zurück und schaute nach, ob an der Tür irgendein „Geschlossen"-Schild baumelte oder ein Warnaufkleber: „Achtung Mafiabesprechung, Betreten auf eigene Gefahr!" Beides war nicht da, also trat ich ein. Die Mafia- und/oder Kinderschar löste sich ein bisschen aus der Schockstarre und es war sogar ein Lächeln irgendwo ganz hinten in der Truppe zu sehen. Dann setzte ich mich in ein komplett leeres Restaurant. Man brachte mir die Speisekarte und sprach mich auf Englisch an. Nun sehe ich nicht aus wie ein Engländer und könnte an guten sonnigen Tagen durchaus als Südländer durchgehen. Doch man sprach mich nicht auf Spanisch an, weil jedem klar war, dass um diese Zeit nur ein Tourist zum Essen kommen würde, der nicht aus Lateinamerika und wohl auch kaum aus Spanien kommen würde.

So der kleine dezente Hinweis von mir an Sie: Beachten Sie die angemessenen Essenszeiten! Wenn Sie gegen 19 Uhr oder für deutsche Verhältnisse rebellisch spät wirkend gegen 20 Uhr in ein Restaurant gehen, werden Sie nicht nur sehr einsam sein, sondern sich auch sofort als Ausländer verraten. Man wird es Ihnen nicht übel nehmen, aber so recht gewöhnen wollen sich die Argentinier nun auch nicht an diese in ihren Augen schwer verfrühten Speisungen. Gegen 21 Uhr füllte sich der Laden dann so langsam, gegen 22 Uhr wurde es voll und gegen 24 Uhr hatten alle etwas gegessen. Dann wird gern gefeiert und getrunken und der nächste Tag kann ruhig etwas später beginnen.

Ich mochte das sehr und habe mich schnell dieser Lebensart angeschlossen.

Mehr noch, als ich eine Woche später zwischen 19 und 20 Uhr vor dem Lokal stand und eine unwissende Touristenschar anrückte, habe ich sie mit eben jenem Mafia-Blick empfangen, den ich gerade erst gelernt hatte.

SAN TELMO

Wer Buenos Aires vom Grunde her kennenlernen möchte, sollte sich im Stadtteil San Telmo einmieten.

Der Stadtteil La Boca ist ebenso traditionsbeladen, und der Fußball und der Tango beherrschen diesen Stadtteil. Doch gilt er als arm und auch vergleichsweise unsicher. Der moderne Stadtteil Palermo ist nett, aber irgendwie weltweit austauschbar. Selbst wenn Ihr Hotel in einem anderen Stadtteil liegt, besuchen Sie bitte unbedingt zumindest sonntags den Wochenendmarkt in San Telmo auf der Straße namens „Defensa". San Telmo scheint das echte Buenos Aires zu sein. Auch ein bisschen das Klischee-Buenos-Aires, doch was ist falsch daran? Nennen wir es „echt", nennen wir es „Tradition" und nennen wir es „richtig". Ich habe mich bei meinen ersten Reisen nach Buenos Aires meistens in San Telmo eingemietet, schon weil man sich schnell angenommen fühlt. Es ist weniger hektisch als die modernen Teile der Stadt und alles hat so etwas vom „Urlaub im Kiez". Ich wohnte hier zunächst gern in einem kleinen und süßen Hotel im atemberaubenden, alten und charmant verlebten Stadtteil San Telmo und genoss die Atmosphäre dieser Gegend jeden Tag. Als ich später für länger hier war, hatte ich sogar eine süße, sehr typische – heißt auch quietschanfällige und nach deutschen Maßstäben durchaus renovierungsbedürftige – Wohnung in der Defensa 966, wenn Sie es genau wissen möchten. Es ist aufregend und schön, sich einfach auch tagsüber in die kleinen Cafés zu setzen und wie die Argentinier hier zu lesen, zu arbeiten, zu schwatzen und zu leben. Ich liebe es, durch die Straßen zu ziehen, kleine Geschäfte zu besuchen und mir den Charme dieses Stadtteils zu gönnen. All das potenziert sich noch am Wochenende. Ich bin hier, so oft es geht. Sie erkennen mich am genussvollen Grinsen. Ich trinke hier einen frisch gepressten Orangensaft an einem Handkarren mit Handpresse, esse da ein paar gebrannte Mandeln, probiere hier und da Rotwein, verwehre mich gegen CD-Käufe, irre durch Stände voller Che-Maradona-Evita-Nippes und habe Mühe, keine hübschen Ledersachen zu kaufen, da ich als Vielreisender eben nicht weiß, wie ich auf Dauer Mitbringsel wie die wun-

SAN TELMO
CHICO
COLLECTORS

Imperial

dervollen Tango-CDs oder die einzigartigen Lederarbeiten rund um die Welt mitschleppen soll. Es sind überall unglaublich viele Straßenhändler und Musiker zu sehen. Mal zwei Gitarristen, mal ein Straßenorchester von 25 Personen plus Klavier. Verrückt und fabelhaft.
Und schon bei meinem ersten Besuch vor vielen Jahren sah ich etwas anderes Typisches. Überall waren Menschen, die aus Blechtassen und durch Blechhalme eine gelbliche Flüssigkeit saugten. Ich hatte dies oft gesehen und musste es nun endlich selbst ausprobieren. Was die Menschen aus den oft sehr schön gearbeiteten Bechern trinken, ist Mate-Tee und ich kann es zumindest als Erfahrung nur empfehlen.
Der ultimative Reisetipp hier heißt also: Kaufen Sie sich einen der kuriosen Mate-Becher mit dem metallenen Strohhalm. So können Sie dann auch ewig trinkend mit den ebenfalls trinkenden Massen durch Argentinien und angrenzende Länder gleiten und sich heimisch fühlen. Doch das kann auch schiefgehen. Und wie. Doch dazu beim Thema Uruguay später mehr. Denn dort hatte ich mein Mate-Desaster.
Doch zunächst mehr aus San Telmo, in: …

DIE MACHT DER KRONLEUCHTER

Die Argentinier scheinen einen Hang zum Nostalgischen zu haben. Obwohl es natürlich auch sehr moderne Stadtteile, moderne Kunst, eine lebendige Musikszene und teilweise junge aufregende Mode gibt, scheinen sie immer auch in der Vergangenheit verwurzelt zu sein. In einem Land, das so große Zuwanderungsströme erlebt hat wie Argentinien, können sich anscheinend die Menschen nicht so gut und so gern von der Vergangenheit lösen. Ich finde das – in diesem Fall – sehr charmant und es hat für mich auch den Reiz des Landes ausgemacht. Andere Länder und vor allem andere Großstädte scheinen nur noch in der Zukunft zu leben, in Buenos Aires dagegen, und noch mehr in anderen argentinischen Städten, scheint man lieber eine Pause in der Geschichte einzulegen, bevor man wieder gemächlich nach vorn geht.
Wenn Sie mal eine Pause von der Gegenwart machen wollen, besuchen Sie eines der unzähligen Antiquitätengeschäfte in Telmo. Kaum dass Sie eines betreten, werden Sie in die Vergangenheit gesogen. Als würden die vielen aufgebauten Statuen nach einem schnappen und eine Armee von Porzellantassen einen umstellen. Von hunderten uralten Gemälden

blicken einen bunte Landschaften und finster dreinschauende Menschen an. Doch die Macht in diesen Geschäften gehört den Kronleuchtern. Sie sind unzählig. Sie sind prächtig und sie nehmen einen tatsächlich gefangen. Wie oft schon hat man in einem alten Haus, einem Museum oder einer schön renovierten Villa einen prächtigen Kronleuchter bestaunt. Doch hier scheinen sie herzukommen. Hier hängen sie in schieren Massen gar prächtig von den Decken.

Am Abend sehen jene Straßen, in denen es besonders viele Antiquitätengeschäfte gibt, nach Weihnachten aus. Die größten und schillerndsten Prachtexemplare geben sich dann hell erleuchtet an den Decken der Läden ein Stelldichein. Wie überhebliche Grüße aus einer vergangenen und besseren Zeit schauen sie auf die nüchternen, elektrischen Straßenbeleuchtungen der Neuzeit herab.

Man kann sie regelrecht hämisch grinsen sehen.

Betritt man dann einen solchen prächtigen Laden und ein Windzug begleitet einen, dann klingen und klirren die Kronleuchter mehrstimmig zur Begrüßung.

Willkommen in der Vergangenheit!

ARGENTINIEN IN DREI MINI-ANEKDOTEN

Was für Brasilien gilt, gilt für Argentinien allemal. Denn auch hier waren es vornehmlich die kleinen Geschichten am Rande meiner diversen Reisen in dieses wunderbare Land, die mich immer mehr in Liebe zu Argentinien erblühen ließen. Ja, „in Liebe erblühen ließen". Hier war Romantik angebracht und Argentinien ist auch jenes Land Südamerikas, das ich am meisten liebe. Weiter oben und links folgen dann Costa Rica und Panama, doch das sind im strengen Sinne keine südamerikanischen Länder mehr, sondern mittelamerikanische. Hier also nun drei kleine. Obwohl ich sagen darf, ich könnte allein mit solchen argentinischen Kleinstgeschichten ein Buch füllen. Schließlich lebte ich nach meinen ersten beiden halbwegs kurzen Besuchen später fast drei Jahre in Buenos Aires.

MINI-ANEKDOTE 1:
DIE ELFEN

Es war ein wirklich schöner, sonniger Tag und neben vielen Argentiniern und einigen Touristen hatte auch ich mich aufgemacht, einen dieser schönen Wochenendmärkte in Buenos Aires zu besuchen. Ich sah Musiker, hörte Tango, kaufte Nippes, trank Frischgepresstes und ließ mich wundervoll und regelrecht selig treiben. Es war für mich – und das könnte es auch für Sie sein – ein Platz, eine Gelegenheit, eine Zeit, um sich absolut wohl und auch angekommen zu fühlen. Auf allen diesen Wochenendmärkten quer durchs Land werden Sie nicht nur staunen und genießen, sondern auch wissen, dass Sie alles richtig gemacht haben, weil Sie nun hier sind. Das sind jene Momente, an denen der Urlaub für die Seele beginnt.
Dieses Gefühl beschlich mich auch, als ich durch die vielen Stände von San Telmo schlenderte. Mittendrin in all den vielen Ständen mit großartigen Lederarbeiten, tollem Messing-Kunsthandwerk und tausenden von Matebechern fand ich einen kleinen Stand voller zauberhafter Puppen, Gnome und Elfen, Hexen und Zauberern. In farbenprächtigen Gewändern und mit süßen Gesichtern.
Und dann sah ich sie und war sofort entzückt. Und wie oft kann man schon aus gutem Grund „entzückt" sagen? Denn da, über allem anderen und allem Weltlichen, schwebten einige

schwangere Elfen, deren Faszination man sich nicht entziehen kann. Sie saßen auf Schaukeln und schwankten im Wind. Ihre hauchdünnen Flügelchen waren energisch aufgestellt. Sie lächelten verschmitzter, als man das von Elfen erwarten sollte, und zeigten stolz ihre großen Babybäuche. Zugegeben, Elfenschwangerschaften und die leise Frage nach den Vätern sind Grund genug für ein verschmitztes Lächeln.

Ich stand lange und irgendwie versonnen zurücklächelnd vor dem amüsanten Sammelsurium märchenhafter Figuren, bis ich die Verkäuferin und Erschafferin der Figuren sah. Sie war nicht schwanger und statt Kleidchen trug sie einen dicken Pullover. Aber ihr Elfengesicht lächelte mich ebenso verschmitzt an und ihre Flügelchen zeichneten sich ganz leicht unter dem Pullover ab. So schön, so angekommen, so glücklich in Buenos Aires.

Alles richtig gemacht!

MINI-ANEKDOTE 2:
LA BESTIA

Es gibt so Gelegenheiten auf Reisen, bei denen weiß man im ersten Moment nicht, was man davon halten soll. Man ist ebenso fasziniert wie erschrocken. Ein bisschen ängstlich und doch neugierig.

Ich schlich durch Buenos Aires und suchte irgendwas. Ja, auf Reisen sucht man eigentlich immer irgendwas. Und wie das eben so ist, war ich vertieft in einen Stadtplan und wollte von A nach B oder C oder XY, ich glaube, es war ein Museum. Und so war ich nicht ganz auf dieser Welt, sondern ärgerte mich vielmehr über die komische Faltung der Karte, über zu kleingedruckte Straßennamen oder darüber, dass es bei meinem ersten Besuch noch nicht üblich war, sich vom Handy leiten zu lassen. Fast wäre ich in ihn hineingerannt, die Karte wie ein Brett vorm Kopf. Gerade noch rechtzeitig senkte ich die Karte und starrte ihn an. Ich wollte nicht starren, aber ich musste.

Wie gern wäre ich total cool gewesen in diesem Moment, aber ich war es nicht.
Verflucht! Zu alt für kleine Schrift, zu dämlich zum Kartenfalten und nun auch nicht mal cool genug, um einen Mann nicht anzustarren, der unter anderem eine Träne unter dem Auge tätowiert hatte. Was meist kein gutes Zeichen ist.
Doch so unglaublich das klingen mag, es waren weder er noch seine Träne, die mich so überraschten. Es war sein Motorrad! Ehrlich, so etwas hatte ich auf der ganzen Welt noch nicht gesehen. Ich hatte mal eine sechs Meter lange Harley Davidson in Los Angeles gesehen, aber das Geschoss hier sprengte alles.
Das ganze … „Ding"… war mit Fellen und diversen Lederarten überzogen. Vorn auf dem Schutzblech prangte ein Totenschädel. Das ganze Moped zierten weitere Schädel von Mensch und Tier. Es hatte Hörner und Stoßzähne und sah alles in allem aus, als wäre der Mann mit der Träne mit seinem Moped gerade durch eine Tierpräparationsausstellung gerauscht. An der wilden Karre stand „La Bestia" und ich wusste nicht, ob das dem Gefährt oder dem Fahrer galt.
Und dann war da eben dieses unbestimmte Gefühl zwischen Faszination, Angst, Vorsicht und Neugier. Ich schlich eine Weile um den Mann samt Motorrad, bis ich mich endlich zu fragen traute, ob ich ihn fotografieren dürfte. Die Neugier hatte gewonnen. Er nickte mir zu, lächelte nicht, sondern sah mehr nach der Frage aus, wo er nun gleich

meine bleichen Knochen an seine Mühle schrauben könnte.
Dann grinste er doch, ließ mich ein paar Fotos schießen, startete die Bestie und zog von dannen. Zurück in die Unterwelt oder zum Präparator oder einfach nur nach Hause zum Essen bei *la madre*.

MINI-ANEKDOTE 3:
DIE DÜSTERE FRAU

Ich weiß, ich weiß, man könnte den Eindruck haben, dass ich Argentinien zu sehr am Tango und dessen Folgen aufhänge. Aber ich habe festgestellt, dass man wirklich selten ein Land so sehr mit einer bestimmten Musik in Verbindung bringen kann wie Argentinien. Das geht nicht einmal in Russland, Südafrika oder Polka-Tschechien. Argentinien ist Tango, und Tango war auch die düstere Frau, die ich sah.
In der Bar eines Tangotheaters saß ich mit einem Rotwein in der Hand und sah sie. Eine Frau, Ende 40, und sie tanzte. Hätte man für eine Argentinienwerbung nach einer argentinischen Frau gesucht, hätte man sie erwählt. Sie war stolz, recht groß, sehr schlank, mit schwarzen Augen und Haaren und einem Blick, dem man nicht ausweichen kann. Das war Argentinien auf Stöckelschuhen. Mehr ging nicht. Und sie tanzte und tanzte und tanzte. Selbstverständlich.
Wann immer sie den Mann an sich presste und – ganz Machismo – ihn führen ließ, ohne die wirkliche Führung abzugeben, setzte sie ihn diesem Blick aus, der entweder Eisen zum Schmelzen bringt oder den Mann glauben lässt, in die Augen eines wilden Wesens zu schauen.
Ihr Blick war finster, lustvoll, bestimmend, aufregend und angsteinflößend. Der Mann, der sich da betanzen ließ, musste ihr glücklicher und ebenso verzweifelter Partner sein. Ihr Mann, der sich des Lebens ebenso erfreuen wie um es kämpfen müsste. Ihr Mann, der die Nächte durchlieben würde oder den nächsten Tag nicht erleben sollte. Oder beides. Ihr Mann, der ebenso Lust wie Todessehnsucht kennen würde, wenn sie mit diesem Blick in der Nacht über ihn kommen würde.
Doch nein, das war er offensichtlich nicht.
Denn er wurde nach einem Tanz der puren, animalischen Lust verabschiedet und sie schnappte sich den nächsten und ließ nun eben jenen erzittern.
Einen nach dem anderen. Die ganze Nacht lang. Und alle bekamen denselben Blick. Einen Blick zwischen Finsternis und Eruption. Einen Blick, wie ihn nur eine Argentinierin schenken kann.

An diesem Abend begann ich zu verstehen, was mich schließlich über die ganze Zeit in Argentinien weiter beschäftigen und bewegen sollte: Du kannst als Mann in deinem Leben noch so viele Frauenherzen gewonnen haben, aber du weißt erst, was eine wirkliche Eroberung ist, wenn du einmal dem Blick einer Argentinierin bis zum süßen Ende standgehalten hast.

DER OBELISK UND DIE BREITE STRASSE

Eine Sache, die bei Menschen weltweit Stolz auslöst und ihn gleichzeitig zementiert, sind Obelisken. Komischerweise scheint es auch, als wüssten die Menschen einer mit einem Obelisken bedachten Stadt nicht, dass sie nicht die einzigen mit diesem phallischen Symbol aus diversen Materialien sind.

Spätestens nach meinem Besuch in Ägypten war ich mit derartigen steinernen Macho-Reliquien nicht mehr zu beeindrucken. Das aber sollte man zum Beispiel in Buenos Aires niemandem zeigen. Die Tangogesichter würden reihenweise von den Köpfen gleiten. So sollte man als standhafter Tourist besser angemessen staunen.

Dieses angemessene Staunen vor einem weiteren Obelisken üben wir mal kurz. Und alle: „Aaaaaahhhhhh!“

Gut! Weiter!

Die Pariser, die Washingtoner und selbst die Münchner sind also stolz auf ihre Obelisken und ahnen nicht einmal mehr, dass sie dabei von den Ägyptern – die nach eigener Sicht ohnehin alles auf dieser Welt erfunden haben – und von den Menschen in Buenos Aires weit übertroffen werden.

„El Obelisco“ steht auf der Plaza de la República, dem Platz, auf dem das erste Mal die argentinische Flagge gehisst wurde. Hat man sich also dem Stolz des Obelisken gegenüber geöffnet, steht eine ganz andere Herausforderung an. Denn man hat auch stolz auf die Straße zu sein, in deren Mitte der Platz liegt. Das fällt natürlich schon schwerer, denn es ist halt nur 'ne Straße!

Doch da liegt sie dick und bräsig rum, die Avenida 9 de Julio. Man erwartet unser touristisches Staunen, denn sie ist die breiteste Straße von Argentinien oder der Welt oder die zweite nach der Milchstraße im Universum, ich habe es vergessen. Sie ist halt breit.

Nun also wissen Sie, worüber Sie zu staunen haben, also bitte rüsten Sie sich! Tun Sie das, damit Sie sich mit für Porteños relevantem Wissen brüsten können! Es hilft auch, um sich in den Bars der Nacht leichter mit den Menschen hier im Allgemeinen und mit denen des anderen Geschlechts im Speziellen zu unterhalten, ja bei ihnen auftrumpfen zu können. Vergessen Sie nie: Die Argentinier und Argentinierinnen sind immer auf irgendwas sehr stolz. Einen Grund brauchen sie dafür aber nicht.

Also, damit Sie sich so dem unvergesslichen Sex mit einem Argentinier oder einer Argentinierin nähern können, sei hier ein bisschen Schwarmwissen zitiert:

Der Obelisk von Buenos Aires ist ein 67 Meter hohes Denkmal, das im Mai 1936 anlässlich des 400-jährigen Stadtgründungsjubiläums in weniger als vier Wochen nach Entwurf von Alberto Prebisch errichtet wurde. Er befindet sich an der Stelle der 1773 errichteten Kirche San Nicolás, die abgerissen wurde, als 1936 die Bauarbeiten für die Avenida 9 de Julio begannen. Der Obelisk ist begehbar; 206 Stufen führen zur Spitze, wo man durch vier Fenster Ausblick hat.

„9 de Julio" leer, dank Corona …

Gut? Weiter geht's!

Die Avenida 9 de Julio („Nueve de Julio") ist eine der Hauptverkehrsadern von Buenos Aires. Mit ihrem Namen erinnert sie an den Tag der Unabhängigkeit Argentiniens, den 9. Juli 1816. Sie wird häufig mit ihren 20 Fahrstreifen auf 140 Metern als breiteste Straße der Welt bezeichnet. Das ist allerdings nicht ganz richtig: Beiderseits eines begrünten Mittelstreifens verläuft die eigentliche Avenida 9 de Julio mit sieben Fahrstreifen je Richtung. Abgetrennt durch einen breiten, baumbestandenen Grünstreifen verlaufen im Westen die Cerrito bzw. die Lima, im Osten die Carlos Pellegrini bzw. die Bernardo de Irigoyen. Diese beiden Parallelstraßen sind jeweils dreispurige Einbahnstraßen, daher wer-

... und voll, dank Marathonlauf

den sie oft als Teil der Avenida 9 de Julio empfunden. Für den Bau der Straße wurde eine komplette Reihe von Häuserblocks der im Schachbrettmuster angelegten Stadt abgerissen, daher entspricht die Gesamtbreite der drei Straßen zusammen der eines für Buenos Aires typischen Häuserblocks von circa 110 Metern, mit den flankierenden Straßen also etwa 140 Meter.

Die Überquerung der drei Straßen dauert oft einige Minuten, da alle Kreuzungen Ampeln haben. Bei einer normalen Gehgeschwindigkeit benötigt man zwei bis drei Ampelphasen, um die Straßen zu überqueren.

Sind Sie noch da?

Nun ja, ich wollte Ihnen ja nur ein bisschen Wissen vermitteln.

Völlig irre war es dann dort am 1. Januar, wenn die Argentinier zu einem Marathon aufbrechen. Für mich überhaupt eine der größten Verscheißerungen schlechthin. Am Morgen siehst du tausende Verrückte aus der Stadt rennen, und später kommen sie ja doch alle zurück. Schade.

Der ultimative Reisetipp hier kann nur heißen: Nutzen Sie dieses Wissen in den Bars unverschämt aus, geben Sie den sehr an Argentinien interessierten Gast, ernten Sie die Früchte und vergessen Sie den ganzen Quatsch danach sofort wieder. Viel Spaß!

CASA ROSADA

Zunächst wieder ein bisschen sachliches Schwarmwissen: Die Casa Rosada, was auf Spanisch „Rosa Haus“ heißt, ist der argentinische Präsidentenpalast. Casa Rosada befindet sich an der Ostseite der Plaza de Mayo im Stadtteil Montserrat. Sie wurde auf den Resten der alten Stadtbefestigung erbaut und häufig verändert. Das Gebäude ist offizieller Sitz des amtierenden Präsidenten, wenngleich es als solcher nur mehr zu formellen Anlässen verwendet wird. Doch warum ist die Hütte pink? Nun ja, der rosafarbene Außenanstrich von Casa Rosada stammt aus dem Jahr 1873, der Regierungszeit von Präsident Domingo Faustino Sarmiento. Für die Hello-Kitty-Farbgebung gibt es zwei Erklärungen: Einerseits wird erzählt, Sarmiento habe die Farben der verfeindeten Unitarier und Föderalisten – Weiß und Rot – mischen lassen, um damit die Einheit Argentiniens zu symbolisieren.

Super Erklärung!

Die andere Erklärung sagt, dass Rosa im 19. Jahrhundert einfach eine verbreitete Farbe für Häuseranstriche war, die durch die Mischung von Kalk mit Ochsenblut entstand, das wegen seiner wasserabstoßenden und fixierenden Eigenschaften benutzt wurde.

Eine sehr nüchterne Erklärung!

Wie auch immer, das Gebäude ist nun rosa.

Und es ist eben jenes Gebäude, auf dessen Balkon Eva „Evita" Perón ihre berühmte Rede hielt. Evita ist ein Nationalheiligtum. Warum, weiß man nicht mehr so genau. (Mit dieser Aussage würde ich mir wenig Freunde in Argentinien machen.) Sie war die zweite Frau von Präsident Juan Perón, hatte als ehemalige Radiomoderatorin wohl die Gabe, ergreifend zu den Menschen zu sprechen, versuchte sich sozi-

al und wurde so zur Identifikationsfigur, bis sie im Alter von nur 33 Jahren 1952 starb. Was wohl auch bei der Legendenbildung half. Auch dass Peróns Ehefrau Nummer 3, Isabel „Isabelita“ Perón, als ehemalige Nachtclubtänzerin nach dem Tode Peróns selbst Präsidentin wurde und mehr Schaden anrichtete, als es Evita konnte. (Ich bin nicht sicher, ob man mich jetzt noch nach Argentinien reinlässt.) Ich selbst konnte Casa Rosada noch besuchen und stand vor Jahren auch auf diesem Balkon, aber die Besuchsregeln ändern sich immer mal. In jedem Fall gibt es an der Seite von Casa Rosada ein modernes Museum, das ich auch sehr empfehlen kann.

So viel zum Wissen, das Sie überall finden können. Und nun das für Sie wirklich Relevante. Gelebtes Reisen. Denn Reisen besteht nicht aus Basiswissen und Klugscheißen, sondern aus Erlebnissen, Geschichten und Emotionen.

Ich bin in Buenos Aires eigentlich nur einmal in einen Fettnapf epischer Größe getapst. Das ist ein ganz guter Schnitt und nicht von jener Fettnapfintensität, die ich in Japan und anderen asiatischen Ländern vorgelegt habe. Der Fettnapfgrund war, dass ich einen Scherz als Volksmeinung missverstand. Denn was Casa Rosada betrifft, so ist es eine Sache, wenn einem ein Porteño das Haus lächelnd und mit einem Anflug von internationalem Habitus mit „Pink House“ als Vergleich zum US-amerikanischen „White House“ übersetzt. Eine ganz andere Sache ist es aber, wenn man einen Taxifahrer als Tourist darum bittet, einen zum „Pink House“ zu bringen. Obwohl es übersetzt natürlich richtig ist und das Gebäude ja auch rosa oder eben pink ist, empfand der besagte Taxifahrer diese in seinen Augen herabwürdigende Bezeichnung des Präsidentenpalastes – und dann auch noch im Vergleich mit den nicht eben geliebten USA – mehr als unangebracht.

Ich habe diesen Scherz nur einmal versucht und die Beleidigung saß offensichtlich tief. Leider verlor ich den Taxifahrer danach aus den Augen, sodass ich nicht weiß, ob er sich bei *la madre* ausweinen ging, eine Tangoplatte auflegte oder über einem Steak und viel Rotwein die Peinlichkeit des Ausländers zu vergessen suchte.

Viele Argentinier haben natürlich keine Probleme mit einer solchen semilustigen Bezeichnung, aber man sollte eben daran denken, dass es gut möglich ist, mit solchen Bemerkungen den Gastgebern auf den Schlips zu treten und sie eher weglassen.

Na ja, das Ding ist aber trotzdem pink!

Übrigens, wenn unter der großen argentinischen Fahne eine kleinere aufgezogen wird, dann bedeutet das, dass sich der Präsident im Palast befindet.

DIE DREI HEILIGEN

Jedes Land hat Promis, von denen die Welt außerhalb des Heimatlandes noch nie etwas gehört hat. Schau ich mich in unserer Heimat so um, ist das meistens auch besser so.

Ach übrigens, wissen Sie, welchen deutschen Musikern ich auf Weltreise am meisten akustisch begegnet bin? Neben einem Fanatiker in Chile, der unendlich auf Johann Sebastian Bach stand, und ein paar Beethoven- und Mozart-Fans vor allem in Japan, Südafrika und für mich erstaunlicherweise in Brasilien, waren es leider andere, die man in der Welt kannte und spielte. Manchmal Rammstein, selten Tokio Hotel, dafür umso mehr Boney M., Modern Talking und die Scorpions. Nun ja, manchmal ist es auch auf Reisen nicht leicht, ein Deutscher zu sein.

Jedenfalls – und damit flugs zurück zum Thema – sind dank der Musik in Argentinien die Stars unter den Sängern und Tänzern zu finden. Die bekanntesten Argentinier für uns Europäer sind hingegen nichts davon. Die drei Heiligen für unsereins sind: Ernesto Che Guevara, Eva Perón und Diego Armando Maradona. Und alle drei werden auch in ihrer Heimat heiß und innig geliebt.

T-Shirts von den beiden Herren kann man überall kaufen und das eher bescheidene Grab von Evita auf dem so üppigen und wahrlich eindrucksvollen Friedhof La Recoleta – ein unbedingter Reisetipp! – ist eine Art Wallfahrtsstätte. Mal ganz davon abgesehen, dass sie – unter anderem – bestimmt 20 Meter groß auf einem Haus mitten in der Stadt, mitten auf der Avenida 9 de Julio prangt. Aber die Verehrung für die drei argentinischen Helden unterscheidet sich schon sehr voneinander.

Die drei wohl eher zweifelhafte „Gottheiten“

La Bombonera

Im Stadtteil La Boca, der als besonders arm gilt, aber in dem das berühmte Fußballstadion La Bombonera – die Pralinenschachtel, wie es aufgrund der rechteckigen Form im Volksmund genannt wird – steht, ist nur einer der unumstrittene Held, Gott oder mehr. In der Pralinenschachtel spielen die Boca Juniors und einst für sie eben auch Maradona. Daraus folgt, dass man hier mehr Maradona-Statuen sieht, als es vermutlich je Lenin-Statuen in Leningrad und Moskau gegeben haben kann. Auch wenn diese hier in La Boca mehrheitlich aus Styropor und irgendwelchen bizarren Verbundstoffen anstatt aus lenineskem Marmor oder Granit gebastelt sind.

Fußball ist in Argentinien natürlich Volkssport und Maradona deswegen ein Heiliger. Egal, was er tat und wie er es tat, man verzieh es ihm. Fußballgötter, so heißt es in Argentinien, stünden mittlerweile über den katholischen Heiligen und der Fußball wäre an die Stelle gerückt, an der in der alten Heimat Europa die Königshäuser waren. Daran kann wohl auch ein argentinischer Papst nichts ändern, selbst wenn auch er heiß und innig geliebt wird.

Und es stimmt, um Argentinier zu verstehen, muss man drei Dinge getan haben: Steaks essen, Tango tanzen und man muss ein Fußballstadion besucht haben. Wenn Sie die Argentinier sehen, wie sie ein Spiel durchleiden oder wahlweise durchleben und durchlieben, kommen Sie der Volksseele schon recht nah. Es ist beinahe unnötig zu erwähnen, dass sich wohl kaum eine Nation so freuen kann und so sehr in Depressionen rutscht, wie die der geschundenen argentinischen Seele. Dass Maradona nach der 4:0-WM-Schlappe gegen Deutschland 2010 am Spielfeldrand geweint hat, war das Mindeste, was er tun konnte. Mit ihm nicht geweint zu haben, würde sich ein Argentinier heute noch vorwerfen. Und wenn man als erkannter Deutscher in Buenos Aires jemanden wirklich tief verärgern will, so grüßt man ihn heute nicht etwa mit einer winkenden Hand oder mit dem inflationären

Victory-Zeichen, sondern mit vier ausgestreckten Fingern.

Ein bisschen anders verhält es sich mit dem Nationalhelden Che. In ganz Argentinien gibt es kaum ein offizielles Denkmal von Ernesto Che Guevara. Dennoch wird der in Rosario geborene Revolutionär zumindest teilweise geliebt. Es ist eben das Revolutionäre, das Aufständische, das Ausbrechen aus der zu bequemen Gegenwart, das Argentinier bewundern und doch kaum nachahmen würden. Aber dass es ein Argentinier war, der nach dem Selbstverständnis seiner Landsleute Kuba die Revolution brachte, es im Kongo zumindest versuchte und für die „Heilsbringung" für Bolivien sein Leben gab, als er am 9. Oktober 1967 um 13:10 Uhr auf Weisung des bolivianischen Präsidenten René Barrientos Ortuño ohne vorherige Gerichtsverhandlung exekutiert wurde, empfinden Argentinier wohl als gesamtargentinische Tat. Ich glaube auch, Argentinier schmunzeln heute noch, dass die ganze Welt ihren Ernesto unter „Che" kennt. „Che" als Wort oder mehr als Laut ist eigentlich nur das, was man in Argentinien als Füllwort nimmt, um sein ganz persönliches Erstaunen hervorzubringen. Da Ernesto das in Kuba nicht lassen wollte, entstand sein Spitzname. „Che" ist überdies hinaus auch ein Spitzname für Argentinier an sich, so wie die Briten die „Tommies" und die Deutschen die „Krauts" sind, waren oder nie sein wollten.

Zudem habe ich noch eine eigene Theorie, warum man Che hier schätzt: Weil er ein sehr erfolgreiches Exportprodukt war. Ich meine, in Argentinien hat er nix gerissen, aber die ganze Welt kennt ihn und teilweise schätzt sie ihn auch. Das passiert den Argentiniern nicht oft. Steaks, Rotwein, Tango und eine Handvoll Fußballer – mehr exportieren die Argentinier nicht wirklich wahrnehmbar. Und Argentinier wollen weltweit gern mehr wahrgenommen werden. Und diese Freude hat ihnen Che eben gemacht. Das ist aber nur meine Theorie.

Zu María Eva Duarte de Perón, oder kurz Evita, hat man immer noch ein gespaltenes Verhältnis. Zum einen hielt sie zwar in ihren Radiosendungen zum Präsidentschaftswahlkampf 1946 flammende und populistische Reden, in denen sie die Armen zum Aufstand aufrief und für das Frauenstimmrecht kämpfte. Andererseits kam sie aus einer reichen und elitären Familie und war so von Anfang an Freund und Feindbild zugleich. Doch Argentinier lieben alles Geschundene und Uneindeutige.

Noch heute kann man in der Casa Rosada, dem Präsidentenpalast Argentiniens, den Balkon bestaunen, auf der Evita die „Don't cry for me, Argentina!"-Rede hielt. Und man tut nicht nur das. Auch politisch stehen Evita und viel mehr natürlich ihr Mann, der zweifache Ex-Präsident Juan Perón, heute noch im Blickpunkt. Denn auch wenn

Kleines Evita-Grab ...

... und große Evita-Verehrung

Juan Perón schon 1974 starb, bleiben die Peronisten eine der wichtigsten politischen Gruppen in Argentinien. Und ganz ehrlich, ich blicke da nicht durch. Politiker und Parteien von links und rechts berufen sich auf Perón, werden auch immer mal gewählt und reiten das Land immer mehr in die Grütze. Und dennoch lässt man Perón hochleben, mit dem der ganze Schlamassel anfing. Dass es früher mal hieß „Reich wie ein Argentinier" ist längst eher ein Witz und es wird einfach nicht besser.

Sie möchten einen Tipp? Wenn Sie einem Argentinier eine Freude machen wollen und so auch Ihre Reise dadurch aufwerten möchten, lernen Sie ein paar winzige Fakten über diese drei Helden. Jubeln Sie mit den argentinischen Fußball-Fans und nicken Sie zumindest zur Heldenverehrung dieser drei. Obwohl letztlich alle drei schwer umstritten sein sollten und – nach meiner Meinung – allesamt so rein gar nicht zum Helden taugen. Dennoch, das und ein Hauch vom Tango zum Steak und alle lieben Sie.

HELDENTOD?

„Maradona ist tot!"
„Was?"
„Maradona IST TOT!"
„DER Maradona? Hand Gottes, Fußballgenie, Drogensüchtiger, Pummelchen, argentinischer Nationalheld mit zweifelhaftem Ruf?"
„Ja!"
„Der ist was?"
„Tot ... Mausetot. Kalt, steif, na, tot halt!"
„Wann?"
„Heute. Und ab jetzt für immer. Und nun hör auf, so dämlich nachzufragen!"

So in etwa spielte es sich ab, als mir ein Freund in Buenos Aires erzählte, dass Diego Armando Maradona gestorben sei. Ich konnte es wirklich nicht fassen. Wie eigentlich alle habe ich ihn als Fußballer geliebt. Dass er ein sehr schwieriger Zeitgenosse war und in Argentinien nun wahrlich – besonders unter den Frauen – nicht durchgehend beliebt war und ist, habe ich erst in meiner Zeit hier in Argentinien so richtig mitbekommen.

„Und der soll jetzt tot sein?"

„Jetzt nerv nicht! Ich muss los!"

Wir hatten also den 25.11.2020, als die Welt, Argentinien und mich diese Nachricht erreichte. Eine ganz andere Art, Argentinien wirklich kennenzulernen. Nicht nur, dass die Fernsehsender hier selbstverständlich von gar nichts anderem mehr berichteten, die Menschen waren aufgelöst. Jemand wie Maradona stirbt doch nicht! Obwohl er echt viel dafür getan hat, nicht älter als 60 zu werden.

Es wurde sofort eine dreitägige Staatstrauer verordnet und die Fahnen wehten auf Halbmast. Auch natürlich die riesige vor Casa Rosada. Am gleichen Abend war ich am Obelisco und es spielten sich verrückte Szenen ab. Hunderte Menschen in Maradona-Trikots sangen Maradona-Lieder – ich lernte, dass es wohl sieben offizielle gab. Es wurde getrauert, aber es wurde auch der Held gefeiert, der er für dieses immer im Taumel befindliche Land nun mal war. Auf den Videowänden, die sonst nur Werbung zeigen, liefen Maradonas spielerische Höhepunkte in Dauerschleife. Es wurde gerufen, geheult und gebetet, auf dass er doch nicht tot sei. Und natürlich schleppte auch irgendwer einen Grill an. Nix geht in Argentinien ohne Parrilla.

Aber der wirklich berührende Tag war der nächste. Sein Sarg wurde geschlossen in Casa Rosada aufgestellt, eine Ehre, die sonst hier nur Staatsoberhäuptern zuteilwird. Und die Menschen, die Fans, die Argentinier, die Maradona-Gläubigen durften sich verabschieden.

„Ach, wusstest du, dass es wirklich eine Kirche namens ‚Iglesia Maradoniana' gibt?"

„Ja, in Rosario."

„Und dass die Gläubigen Maradona ‚D10S' nennen?"

„Ja. Nach dem spanischen Wort für Gott – Dios –, inklusive seiner Rückennummer 10."

Die Menschen standen diszipliniert an, die Schlange war riesig und reichte die ganze Avenida de Mayo bis runter zur Avenida 9 de Julio. Und das in Doppel- und Mehrfachreihen. Und hier staunte ich nun wirklich. Nicht so sehr über die trauernden Verehrer der Hand Gottes. Ich staunte darüber, dass sofort eine große Videoleinwand aufgebaut war, mobile Toiletten und Absperrgitter standen, wo immer es nötig war, sich Polizisten an allen Ecken und Enden fanden, aufgeräumte Essensstände, Blumenverkäufer und Fanartikel aus dem Boden

D10S

GRACIAS
D1EGO

schossen, die alle schon dem gestrigen Todestag Rechnung trugen. Mitten in der Corona-Zeit! Also wenn die Argentinier wollen, können sie auch organisieren.

„Das dürfte wohl das deutscheste aller möglichen Resümees eines solch emotionalen Ereignisses sein."

„Na ja ..."

„Aufgeräumt, diszipliniert und organisiert? Ehrlich?"

„Ich dachte, du musst weg?!"

Und ja, es war sehr emotional. Menschen weinten, Menschen sangen, Menschen feierten. Ihr Maradona war gegangen. Und so standen sie viele Stunden an, um irgendwann entweder tatsächlich noch den mittlerweile mit vielen Trikots und Fahnen behangenen Sarg zu sehen oder um festzustellen, dass es dafür nun zu spät war und das stundenlange Anstehen sich nicht gelohnt hatte.

Ich habe in diesen Momenten eben auch die Argentinier neu kennengelernt. Und ehrlich, am meisten hat mich beeindruckt, wenn sie zusammen zu singen begannen. Wenn das alles zu einer Art Feier ihres Helden und nicht zum traurigen Abschied wurde.

Man hat Maradona dann abgeholt und ihn mit einem Konvoi direkt zur Beerdigung gefahren, relativ weit weg, nach Bella Vista, 40 Kilometer von Buenos Aires entfernt, da man weder Casa Rosada noch andere Orte in Buenos Aires zu Wallfahrtsstät-

ten machen wollte. Oh, Mann, als ob das nötig wäre. Halb Buenos Aires ist das schon längst. Mit all den Maradona-Figuren, Bildern, ganzen Häusern und natürlich „La Bombonera". Jenem Stadion in La Boca, in dem Maradona für die Boca Juniors einst spielte. Kurioserweise aber nur in der Saison 1981/82 – und nur, weil ihn die damalige Militär-Junta nicht im Ausland spielen lassen wollte – und von 1995 bis 1997 – nach einer 15-monatigen Sperre wegen der Einnahme verbotener Substanzen. Dort hat er dann auch seine Spielerkarriere beendet.

„Ich kann es immer noch nicht glauben, dass er tot ist."

„Aber du warst doch quasi dabei."

„Trotzdem."

„Also dann kann ich dir auch nicht helfen."

„Stimmt!"

Adiós, D1OS!

DIE WIEDERAUFERSTEHUNG

Ich wusste, ich werde mir doch noch Corona einfangen, als fünf Millionen Argentinier wie aufgescheucht durch Buenos Aires rannten und sich gegenseitig ins Gesicht brüllten. Ich mittendrin! Und schon die Wochen zuvor waren geprägt vom gegenseitigen Anschreien, sich mehr denn je – und das war zuvor schon viel – Umarmen, um dann oft genug wie angestochen im Kreis rumzuspringen. Und ja, all das hat etwas mit der Wiederauferstehung zu tun. Am 18. Dezember 2022 waren genau zwei Jahre und 23 Tage vergangen, seit der argentinische Fußballgott Maradona gestorben war. Und nun wurde seine Nation unter dem deutlich sympathischeren Lionel Messi in Katar Fußball-Weltmeister. Na klar, brüllten wir uns alle gegenseitig ins Gesicht und empfingen Corona-Viren, gegen die ich ja immerhin fünfmal geimpft war, beinahe gern als Kollateralschaden. Das spätere wochenlange heftige Gehuste war jetzt einfach mal hinzunehmen. Husten für den Sieg!

Argentinien befindet sich seit Ewigkeiten in einem Taumel, der nur eine Richtung kennt: abwärts. Da kam diese Weltmeisterschaft gerade recht. Fast würde ich sagen, dass ich als Deutscher in Argentinien sogar bereitwillig hinnahm, dass wir bereits in der Vorrunde rausgeflogen sind, nachdem wir gegen Japan – na wenigstens gegen eines meiner Lieblingsländer – verloren hatten. Ich war in der großartigen Situation, sofort nach dem schmachvollen Aus meines Heimatlandes auf mein Gastgeberland umschwenken zu können, für Argentinien zu jubeln und dabei nicht enttäuscht zu werden. Und das, nachdem auch Messi-Land einen Fehlstart hinlegte und gegen die kommende Fußballgroßnation Saudi-Arabien quasi schon vorsorglich verlor.

Doch nun war der Pott da. Argentinien befand sich in einem Rausch, den es anders nicht mehr zu erreichen in der Lage ist. Alles flippte schon seit Wochen aus. Der Fernsehreporter sprach bei jeder Leo-Ballberührung nicht mehr von Messi, der das Leder traf, sondern unabdingbar von Messias. „Messsias, Messias, Messias – Goal – Goal – Goal – Messssssssssssiiiiiiiiiiiiiiias!“ Alle huldigten noch mehr dem Sohn Rosarios und dessen Mitspieler in den künstlich runtergekühlten Stadien von Katar. Kaum hatte dieser dann Niederlande-Star Wout Weghorst nach deren Spiel wütend entgegengeraunt: „Que miras Bobo? – Andá para allá!“, was so viel heißt wie: „Was guckst du, Dummkopf? – Geh weiter!“, gab es schon am nächsten Tag T-Shirts und anderen Krimskrams mit dem neuen „Heldensatz“ des „Besser-Maradona“. Wie gesagt, die Argentinier sind dauernd auf irgend-

BBVA

VAMOS
ARGENTINA

¿QUÉ
MIRA'
BOBO?
ANDÁ PA' ALLÁ

etwas stolz, ohne wirklich einen Grund zu haben, so war es nur allzu schön, den Stolz nun auch mal begründen zu können.
Am Tag, als die Helden in die Hauptstadt kamen, sollten sie mit einem Bus durch die Stadt und schließlich zum Obelisken gefahren werden. Nur ungefähr einen Kilometer Luftlinie von jener Casa Rosada entfernt, in der gefühlt eben noch Maradona in seinem Sarg lag. Am Tag des Triumphes ging es dann auch sehr argentinisch zu. Alle waren unterwegs, alle wussten ganz genau, wo der Bus langfahren würde und alle gingen deswegen in alle Richtungen. Stolz, Fahnen schwenkend, in Messi-Trikots, lächelnd und total verwirrt und verloren. Zumindest örtlich. Der Messiasbus sollte es nicht bis zum Obelisken schaffen. Irgendwann bog er, dauerhaft extrem bedrängt, auf ein Schulgelände ein und die Helden wurden mittels Hubschraubern ausgeflogen. Und ihre Jünger feierten dennoch wie verrückt. Dabei ist es nur zu eher kleineren Schäden gekommen, die nach ein paar Tagen behoben waren. Die Zahl der Verletzten und die wohl zwei Toten unter den Fans schockierten meine Lebensgefährtin Dinorah sehr. Aber ich mag mir nicht ausmalen, was passieren würde, fünf Millionen deutsche Fußballfans träfen sich in einer Stadt, um zu feiern. So sie denn mal wieder etwas Fußballerisches zu feiern hätten.
Und danach? Die Stimmung hielt noch eine Weile an. Dann setzte das Leben wieder ein. Doch das stolze Gefühl blieb: „Na irgendwie sind wir ja doch noch wer! Oder? – Que miras Bobo?“

ARGENTINIER IM „WINTER“

Das Leiden der Argentinier ist legendär. Mir schien, sie können nichts so sehr genießen wie das Leid an sich. Und wenn es gerade mal nichts gibt, was selbst den nach Leid Ausschau haltenden Argentiniern zum Aufsetzen eines veritablen Tangogesichts reicht, muss eben das Wetter herhalten. Der Mitteleuropäer ist es gewohnt, über das Wetter zu schimpfen, und so vergeht kaum eine Konversation in Deutschland, Österreich und der Schweiz, die nicht auch das Wetter zum Thema hat.
Nun leben Argentinier in Buenos Aires zwar in einer Region mit einer Jahresdurchschnittstemperatur von 16,1 Grad und haben somit in unseren Augen keinen Grund zum Klagen, doch sind ihre Wurzeln – nach eigenem Selbstverständnis zumindest – derart Europäisch, dass auch das ihnen reichen kann, um schwermütig zu werden.
Wenn man im Winter Südamerika

erreicht, stellt man als Erstes fest, dass es kein Winter ist. Zum Beispiel kam ich einmal bei 15 Grad im Schatten in Buenos Aires an. Schon diese Formulierung legt nahe, dass es neben dem Schatten auch noch Sonne gab, was den Argentiniern ohnehin schon zu Günstlingen des Wettergottes uns gegenüber erhebt. Porteños – wie man Argentinier in Buenos Aires nennt – ist dies freilich egal, und sie beschlossen kollektiv zu frieren und dies als Grund zu nehmen, melancholisch zu sein und sich wahrscheinlich gleich wieder einer der unzähligen Psychiater-Praxen zu nähern.

Ich sah hochgeschlagene Jackenkragen und halsumschlingende Schals. Ich sah offensichtlich frierende Menschen und sich im scheinbaren Frost selbst bemitleidende Gesichter. Es war ein markerschütterndes Bild und ich war drauf und dran, eine Sammelaktion zu starten wie für die frierenden Kinder in Sibirien, die bei minus 40 Grad am Ofen bibbern, wenn sie Glück haben.

Doch es herrschten 15 Grad! Plus!!! Celsius!!! Meine Fresse, Argentinien, jetzt reiß dich mal ein bisschen zusammen!

Ich habe wirklich vieles versucht, um sie zu trösten. Ich habe mit Argentiniern über das Wetter gesprochen. Ich im Hemd und leichter Jacke und sie in relativ dicken Verpackungen. Es war witzlos. Auch meine Bemerkung, dass sich die Argentinier doch so sehr nach dem alten Europa verzehren und so nun einen Hauch davon bekommen würden, taugte nichts. Man sagte mir, es sei Winter, kalt und trübsinnig, während die Sonne auf sie schien.

Man kann aber einem Argentinier nicht beibringen, dass dies kein Winter ist oder zumindest keine Kälte. Er müsste sich sonst schnell etwas anderes suchen, was zum Leiden taugt. Eines dieser Gespräche endete so: Er sagte mir, es sei eben Winter und kalt. Worauf ich sagte, es seien 15 Grad, das würde man bei uns zuhause Frühling nennen und mit etwas Pech sogar Sommer.

Da sah er mich an, schlug den Kragen hoch und meinte, dann sei es kein Wunder, dass so viele Deutsche nach dem kalten Winter '45 die Heimat verlassen hätten. Na ja, so kann man es vermutlich auch sehen.

DAS LEIDEN DER PORTEÑOS

Jetzt mal ein Fakt, der wahrscheinlich in kaum einem Reiseführer steht und der Ihnen mehr über das Gastland sagen wird als die Höhe, das Alter und die Bedeutung aller Bauwerke, die darin beschrieben sind.

Ich habe erfahren, dass Buenos

Aires eine der höchsten Dichten an Psychiatern, Psychologen und Selbstmorden der Welt aufweist. Schaut man sich diese drei Einzelkategorien der inoffiziellen Show „Die Welt sucht den Selbstmörder" an, erkennt man natürlich sehr schnell, dass sie gegen den Heileffekt der beiden Erstgenannten gegenüber dem Dritten sprechen. Oder wenn das zu kompliziert war: Der Hirnklempner hat nichts geholfen, wenn man zum Schluss ja doch vom Dach springt.

Ich habe Argentinien sehr in mein Herz geschlossen und ich habe liebe Freunde in diesem Land gefunden. Sowohl in Buenos Aires als auch in Rosario und im Hinterland. Wir hatten Spaß, wir haben gefeiert, wir haben auch zu fröhlicher Musik getanzt, wir haben viel gelacht, manchmal geliebt und zum Schluss sogar daran Spaß gehabt und darüber gelacht.

Das musste ich jetzt mal loswerden, damit nicht der Eindruck entsteht, alle Argentinier stünden permanent auf dem Dachsims. Aber ganz ehrlich, wenn man unvoreingenommen über die Straßen geht, sieht man nichts vom Strahlen, das man „ein paar Meter weiter" in Costa Rica sieht. Hier ist nichts von der Lebensfreude Brasiliens zu erkennen. Der erste Eindruck war das Leiden. Ich liebe dieses Land und ich mag die Argentinier, doch keiner auf der Welt leidet so schön wie der argentinische Mann. Außer die argentinische Frau, aber ich komme nicht umhin, das festzustellen. Disculpa, Argentina!

Die Tangogesichter begleiten einen Zugereisten in der ganzen so unfasslichen Stadt Buenos Aires unablässig. Hier nun hat man zwei Möglichkeiten. Man kann versuchen, der melancholischen Fraktion auszuweichen und das Temperament Südamerikas zu suchen, das man vielleicht aus Brasilien oder zumindest aus seinen Träumen kennt. Das kann auch gelingen, doch sollte man sich darüber bewusst sein, dass einem die Missmutigen Argentiniens dennoch nicht ausweichen werden. So erlebt man sie in ihrem Weltschmerz nicht nur hinter einer Supermarktkasse oder an einem Bankschalter. Nein, sie laufen kopfgebeugt auch gern mal mitten durch einen durch, wenn man ihnen auf der Straße begegnet und nicht aufpasst.

Die zweite Möglichkeit ist viel einfacher. Man ergibt sich dieser Stimmung.

Ja, denken Sie doch ruhig noch einmal über Ihr Leben nach. Über Ihren Job und diesen einen so fürchterlich dämlichen Kollegen! Wann war eigentlich Ihre letzte Gehaltserhöhung? Und dann erst zuhause! Das mit dem Sex in der Ehe haben Sie sich auch anders vorgestellt, oder? Und diese Kinder! Was waren die süß am Anfang. Und als sie ihr erstes Wort sprachen, klangen sie schon ein bisschen nach kommenden Nobelpreisträgern, oder? Und nun? Was ist daraus geworden? Ja, eben.

Und Sie selbst? Zu dick? Zu alt? Gehen die Haare, kommt die Zellulite? Wie oft mussten Sie schon stärkere Gläser in die Brille bauen lassen? Und dann erst die finanziellen Belastungen. Miete oder Hauskredit, schlimm, oder? Das Auto müsste auch mal wieder erneuert werden. Die Steuern, die Spritpreise, das Wetter, das Fernsehprogramm! Und Rauchen, Trinken, Kiffen, Fremdgehen aufzugeben, klappt auch nicht. Apropos Fremdgehen, wo ist eigentlich Ihr Partner gerade?
So, jetzt sollten die meisten von Ihnen in jener Art von Argentinienstimmung sein, die ich meine. Also setzen Sie sich in eines der wunderschönen argentinischen Cafés und fließen sie traurig den Tisch herunter. Wenn Sie „Glück" haben, ist das gesamte Café voller melancholischer Menschen, die Ihnen gleich von Sorgen aufgelöst den Stuhl herunterglibbern. Doch das letzte Zucken des sich so auflösenden Porteños wird nun ein Lächeln sein, ist er doch dank Ihnen dem geliebten Europa wieder einen Schritt näher gekommen.
Ich weiß, Sie suchen im Urlaub nicht zwingend die Melancholie, doch auch Sie werden nirgends so schön leiden können wie in Buenos Aires.
Übrigens, im Stadtteil Palermo wird eine Gegend auch „Villa Freud" (Villa bedeutet in diesem Fall „Stadtteil") genannt, weil die Gegend um die Plaza Güemes herum bekannt für ihre hohe Dichte an Psychoanalytikern und Psychiatern ist. Wir sehen uns dort!
Ach, und noch ein „Übrigens", junger lesender Freund. Wenn Sie noch recht jung sind und bei allen eben genannten Problemen nur mitleidig schmunzeln konnten, keine Sorge, bei Ihnen kommt das alles noch. Hahaha!

HOCH ODER RUNTER?

Bei statistisch hochrelevanten Umfragen mit bis zu drei Personen fand ich heraus, dass der durchschnittliche Homo germanus travelus genau zwei andere argentinische Regionen neben Buenos Aires kennt: Patagonien ganz unten im Land und die Fälle von Iguazú ganz oben. Und während das eine nun mal gleich ein gigantisches Gebiet ist, das sich auch noch auf Chile ausweitet, sind die Fälle zwar groß für Fälle, aber als Reisegebiet recht überschaubar, wenn man nicht gerade über die Grenze nach Brasilien spaziert. Besagter Homo germanus travelus hat besonders in seiner Unterform des Homo germanus travelus arbeitnehmerus urlaubstagus aber nur eine begrenzte Zeit zum Reisen, sodass sich die Reisenden dieser Art meistens entscheiden

müssen, ob sie nun von Buenos Aires in einem Flieger Richtung Brasilien abheben oder mehr in frostige Regionen, in denen man den Südpol zumindest schon erahnen kann. Also wohin?
Ich habe mir beide Regionen ausführlich angeschaut und war begeistert. Und zwar von beiden. Die Fälle von Iguazú sind wahrlich beeindruckend. Wobei ich es als besonders schön und irgendwie abenteuerlustig empfand, dass man sich zu den eigentlichen Fällen ein bisschen durch das ewige Grün und über viele kleinere und größere Flüsse kämpfen muss, um letztlich die großen Fälle zu erreichen. Nun ja, „kämpfen" ist jetzt doch wahrscheinlich mehr meinem Testosteronhaushalt zuzuschreiben als dem wirklichen Weg zu den Fällen, da alles schön ausgebaut ist und man über metallene Wege und Brücken das spektakuläre Ziel erreicht. Aber dieser Weg ist beeindruckend und „macht" tatsächlich etwas mit einem. Ich gebe zu, hier ist eine kleine Erklärung fällig. Also: Als ich zum Beispiel bei den Niagarafällen in Kanada war, konnte ich letztlich mit dem Auto direkt vor den dortigen und ebenfalls prächtigen Fällen parken und dann, von Karussells und Casinos umzingelt, vorbei an Souvenirläden und Pommesbuden, zur Natur flanieren. Hier in Iguazú wird einem dagegen sehr bewusst, wie deutlich man sich in der Natur und fernab von Pommes und Regionalwimpeln befindet. So stimmt einen dieser Weg auf das kommende Ereignis ein. Es „macht" uns Reisende zum Teil der Natur. Zum Teil des Weges und des Erlebnisses, wenn Sie so möchten.
Wann immer ich lese, dass man etwas wie Inkapyramiden, alte und verfallene Kultstätten oder auch Naturwunder entdeckt hat, frage ich mich: Wie konnten die denn verloren gehen? Wieso muss man so etwas finden? Und wer verlegt so was schon? Diese hier bestehen immerhin aus 20 größeren und 255 kleineren Wasserfällen und sind somit derart gigantisch und zudem auch

Links Paraguay, rechts Brasilien

Ein glücklicher Weltenbummler …

… und „dos hermanas“

noch laut, dass es mir unmöglich scheint, es könnte eine Zeit gegeben haben, in der sie der Menschheit unbekannt waren. Läuft man allerdings durch die beeindruckende, dichte und für uns Reisende gelichtete und ausgebaute Natur, bekommt man dann doch eine Idee davon, dass die Fälle für eine kleine Ewigkeit von niemandem besucht und somit entdeckt wurden.

Für Sie wird das freilich nun viel einfacher und Sie werden den Weg und die Fälle selbst genießen. Mit all der anderen Natur und auch kleineren Fällen wie den „Zwei Schwestern" – „Dos Hermanas" – rundherum, die einen schlicht gefangen nehmen. Als ich da war, führte der Fluss Iguazú gerade so viel Sediment und auch Schlamm mit, dass es über eine Länge von 2,7 Kilometern eher bräunlich die 64 Meter herunterschoss. Trüb, braun oder glasklar, dieses offizielle „Weltwunder der Natur" ist ganz selbstverständlich eine Reise wert.

Nun ja, das sind die Fälle, und was hat Iguazú ansonsten zu bieten? Es gibt eine ganz hübsche Aussicht auf gleich beide hier benachbarte Länder, Brasilien und Paraguay, und auf die beiden genau an diesem Dreieck zusammenlaufenden Flüsse Paraná und natürlich den Iguazú. Auch ist das Wetter ein wenig tropischer und so kann man zum Beispiel im Winter von Buenos Aires hier oben noch ein paar wärmere Tage am Pool abstauben. Aber viel mehr ist hier nicht.

Also doch runter?
In die Kälte?
Ins Eis?
Als sonnenhungriger Südamerikareisender und pigmenthaschende Argentinienurlauberin?
Ja!

Sie könnten zum Beispiel „Das Ende der Welt" in Ushuaia in Feuerland besuchen, was ich aus vollem Herzen empfehle. Doch Patagonien ist riesig und die Möglichkeiten sind so ungleich vielfältiger als oben in Iguazú, dass sich ein Vergleich der beiden Regionen fast verbietet. Sie können – hier unten – bei eher milderen Temperaturen etwas Zeit in einer der ältesten Städte Patagoniens, in Bariloche, verbringen oder vielleicht sogar Wale in Puerto Ma-

Auf nach Patagonien!

dryn sehen. Doch ich empfehle ausdrücklich auch El Calafate.

Vergleiche ich – nun also doch, aber ich schrieb ja „fast" – zunächst die Orte Iguazú unter der beinahe brasilianischen Sonne mit El Calafate in gefühlter Reichweite des Südpols – na, ein paar tausend Kilometer sind es dann schon noch –, dann gewinnt eindeutig die schöne, kleine und so angenehme Stadt fast ganz unten in Argentinien. Und auch die Kälte war nicht so schlimm wie erwartet. Nun waren wir nicht in der absoluten Winterzeit hier unten, aber die diversen Thermometer zeigten Temperaturen zwischen plus zwei und minus zwei Grad an. Und ich reiste immerhin mit einer Frau aus der Karibik, die nicht müde wird zu erwähnen, dass bei ihr in Venezuela eine durchweg angenehme Temperatur oberhalb der 20-Grad-Marke herrsche. Glauben Sie es oder nicht, aber sie brachte es fertig, bis zu vier Hosen gleichzeitig zu tragen. Ja, ich weiß auch nicht, wie das geht, aber es ging, und sie schwor auf die Strategie „Cuadro Pantalones". Doch siehe da, mit den Tagen in Patagonien nahm die Hosendichte der schönsten Venezolanerin von allen – ja, ich werde schon noch verraten, welche Rolle sie in meinem Leben spielt – ab und auch sie empfand die niedrigen Temperaturen nicht den wärmesozialisierten Körper belastend. Hauptsächlich, weil hier die Kälte eine trockene war und somit viel angenehmer als der oft feuchte und irgendwie klamme Winter in Buenos Aires mit seinen – sagen wir mal – fünf bis zehn Grad über Null. Und dann saßen wir auf einem kleinen Schiff und besuchten die Gletscher, so lange es sie noch gibt.

Ein Traum!

helados
CALAFATE EXTREMO

Wir tuckerten umher und sahen diverse Gletscher und Eisberge, fuhren vorbei an treibenden Schollen, hatten Landgänge in bizarre, mal eisige, mal trockene Gebiete und ließen uns von der Natur überwältigen.
In der selbstzerstörerischen Hoffnung, von extrem motivierten Klimaschützern einen medienträchtigen Shitstorm zu ernten, darf ich sagen, dass ich ganz aktiv und unter vollem Körpereinsatz an der Eisschmelze mitgearbeitet habe, als die Schiffsbesatzung umhertreibende Eisblöcke einfing, zerhackte und in die Bordgetränke packte. (Ist das dann Packeis?) Der Whiskey war deswegen nicht besser, aber der Gedanke, mit dem schmelzenden Eis nun Wasser zu trinken, das seit vielen tausend Jahren hier im nun wohl doch nicht ganz so ewigen Eis gefangen war, ist ein wilder und irgendwie kurioser. Als Klimaschützertrost muss es genügen, dass ich das Wasser viel später über die Bordtoilette und mit der Hoffnung auf erneutes Einfrieren wieder in den ewigen Wasserkreislauf zurückgegeben habe.

Na, dann wollen wir mal die Eingangsfrage beantworten: Runter! Ich weiß, manche sagen, man könnte derartige Gletscher auch in Europa sehen, während man solche Wasserfälle nicht so nah hat. Aber ich weiß zum einen nicht, ob das wirklich stimmt, und zum anderen sind die Gletscher halt nicht das Einzige, was Sie hier sehen können. Die Natur in Patagonien ist so vielfältig, romantisch, gefühlt unberührt und echt, dass man Patagonien nicht unbegeistert verlassen kann. Und Iguazú sind für mich nur die Fälle. Also wirklich nur! Fazit: Können Sie beides tun, tun Sie beides. Können Sie aber, als klassischer Homo germanus travelus, nur eine Region neben Buenos Aires besuchen, dann heißt es sicherlich: Herzlich willkommen in Patagonien!

DA GRINST DER ARGENTINIER

Und dann fragst du Argentinier. Oder besser noch, Auswanderer, die seit längerer Zeit in Argentinien leben. Sie nicken wohlwollend, wenn du die Fälle von Iguazú erwähnst. Sie zeigen wirklich anerkennend mit beiden Daumen nach oben, wenn du davon berichtest, dass du in Patagonien warst oder dahin möchtest. Und noch mehr, wenn du mehr erleben willst oder wolltest als „nur“ den Besuch der südlichsten Stadt der Welt und das Vorbeischippern an blau leuchtenden Gletschern. Und dann grinsen sie eben.
Liebe Reisende, Sie kennen das,

Ist doch besser als Ihre Kiesgrube, oder?

Ein Blick auf Salta

dieses wissende Grinsen, das man erntet, wenn man alles irgendwie richtig gemacht hat und dennoch irgendwie falsch. Sie kennen es zum Beispiel vom Automechaniker, der zwar anerkennt, dass Sie Ihre Karre wieder zum Laufen gebracht haben, aber sieht, dass diese Drähte, das Klebeband und all das Provisorische so sehr viel unprofessioneller ist als alles, was er für Ihr Auto schon vor seinem Morgenkaffee tun könnte. Und dann flüstern die Grinser es einem: der Mechaniker etwas von „neuer Lichtmaschine" oder so, und die reisenden Menschen von Argentinien solche kuriosen Worte wie „Cachi, Jujuy, Salta, Humahuaca". Was zunächst klingt wie eine uralte Zauberformel der Andenvölker, die Ihre Lichtmaschine von den Toten erwecken könnte, sind nur vier von vielen Ortsnamen, die Ihnen im Norden Argentiniens begegnen werden. Sagen wir mal so: Ich war einige Zeit in Argentinien, ich weiß immer noch nichts über Lichtmaschinen und nicht einmal, ob moderne Autos so etwas überhaupt noch haben, aber ich habe nun auch das wissende Grinsen,

was diese zu Recht so verwunschenen Ortsnamen betrifft. Und da Sie auch für dieses Grinsen bezahlt haben, sage ich Ihnen: Wenn Sie drei Wochen nach Argentinien kommen, besuchen Sie Buenos Aires und die Provinzen Jujuy und Salta. Wenn Sie vier Wochen Zeit haben, hängen Sie noch Patagonien an. Und erst bei sehr viel mehr Zeit denken Sie auch über Iguazú nach, und dann über nette Orte und Städte wie Mendoza, Cordoba, Rosario und andere.

Die Menschen des argentinischen Nordens wollen nicht so fürchterlich viel mit Buenos Aires zu tun haben. Manche sind nicht einmal sicher, ob das überhaupt wirklich Argentinien ist. Man ist hier freundlicher, offener, zurückhaltender, leiser und angenehmer. Und das sage ich als jemand, der Buenos Aires wirklich mag. Es gibt sicherlich einige Sehenswürdigkeiten, die des Googelns wert sein könnten. Aber worum es hier im Nordwesten geht, ist die Natur. Mein ultimativer Argentinienreisetipp lautet deswegen: Fliegen Sie nach Salta – angeblich architektonisch eine der zehn schönsten Städte Südamerikas –, bleiben Sie in Salta und unternehmen Sie von hier aus Touren, die Ihnen an jeder zweiten Hausecke für wenig Geld angeboten werden. Machen Sie eine Tour nach Cachi, die Sie über eindrucksvolle und vielleicht auch schwindelerregende Serpentinen bis hoch auf 2.530 Meter führen wird. Erleben Sie die Ursprünglichkeit der Anden und ihre Menschen. Besuchen Sie das Weinanbaugebiet Cayafate und staunen Sie darüber, dass so weit oben noch toller Wein produziert wird. Und bitte ergeben Sie sich der Natur zwischen unzähligen Kakteen, Lamas, Bergen, kleinen Flüssen, unfassbaren Gebirgsseen und einem Gefühl, irgend-

Salta Stadt, Weingut in Cafayate, Ruinen von Quilmes & Humahuaca

wie hierhin zu gehören. Essen Sie bei kleinen Stopps auf Ihrer Fahrt über sich scheinbar endlos dahinschlängelnde Höhenstraßen Käse, Wurst und Brot des Campo, also des Hinterlandes, was nicht despektierlich, sondern sehr lecker gemeint ist. Besuchen Sie die Ruinen von Quilmes in der Provinz von Tucamán. Müsste ich sie sachlich beschreiben, würde ich sagen: „Da liegen viele Steine rum, die zusammengesetzt bestimmt mal einen Ort ergeben haben und nun gegen die wild wuchernden, prächtigen Kakteen den Kampf um die Landhoheit eindeutig verloren haben." (Und ja, sachlicher kann ich nicht.) Aber das ist prächtig, andächtig, ergreifend und – wie lautet dieser Reisefachterminus, den ich viel zu selten benutze? –, ach ja: schön!

Und dann fahren Sie weiter in die Provinz Jujuy. Ja, ich gebe zu, nach dem Weg zu fragen, könnte schwierig sein, weil einem nicht gleich einleuchtet, wie man das ausspricht. Diese Provinz liegt schon im Dreieck mit Chile und Bolivien und sie lohnt sich – nach meiner Weltenbummlermeinung – ganz besonders. Der Höhepunkt einer Reise in diese beinahe unwirkliche Andenregion ist Humahuaca. Ich bin sicher, dieser Ortsname entstand, als Reisende hier zufällig vorbeikamen und aufgrund von schönheitsindizierten Wortfindungsschwierigkeiten mit Blick auf die vielfarbigen Berge nichts anderes mehr herausbekamen als einen Chorus der Begeisterung, der aus einer scheinbar sinnlosen Ansammlung von Buchstaben bestand und nach „HUMAHUACA!!!" klang.

HUMAHUACA

Der Ort liegt auf 3.000 Metern Höhe, und die Einwohnerdichte von 4,4 Menschen pro Quadratkilometer spricht für sich. So läuft man umher, schaut sich die Berge und Natur an, versucht, mit den Menschen ins Gespräch zu kommen und denkt, nun wirklich einen der Höhepunkte seiner Argentinienreise gefunden zu haben. Und dann kommt wieder jemand mit diesem Grinsen daher! Da man das nun schon kennt, raunt man ihm nur noch ein „Que?" entgegen, wissend, noch nicht alles gesehen zu haben. Und dann sagt das grinsende Gegenüber plötzlich: „Was weißt du über den Berg der 14 Farben?" Nun ja, nichts, was nicht schon in der Frage versteckt ist. Also: Berg, Farben und 14. Dann nimmt er dir ein bisschen Geld ab, setzt dich in einen Jeep, ein Auto oder in einen kleinen Bus, und dann geht's weiter, höher, steiler, kurviger. Mit dem Ergebnis, sich an einem der eindrucksvollen Orte wiederzufinden, der auch mir nach all den vielen Jahren Reisen um die Welt die Frage nach Schöpfung und der wirklichen Bedeutung des Menschen im Allgemeinen stellte.
Denn da stehst du nun, auf 4.350

Metern und bestaunst sprachlos die Berge, die in vielen rötlichen Farben schimmern und derart eindrucksvoll sind, dass du dich fragst, ob du nicht deine Reisezeit in Iguazú und vor allem Buenos Aires verschwendet hast. Nein, hast du nicht, aber das hier wäre schon allein eine Reise wert. Und du verstehst, genau hier muss es zur ortsnamensgebenden Sprachverwirrung gekommen sein und du rufst nun – mit wieder etwas weniger Sauerstoff in den Lungen als unten auf „nur" 3.000 Metern – erneut und aus diversen Gründen nach Luft schnappend aus:

HUMAHUACA

Übrigens, ich bin nicht wirklich für die Höhe geeignet. La Paz in Bolivien war mir mit seinen 3.600 Metern schon zu hoch, aber ich habe diese 4.350 quasi 14-farbigen Meter sehr genossen. Hauptsächlich lag das daran, dass ich hier kaum eigene Aktivitäten entwickelt habe. Ich ließ mich hochfahren, bin nur ein wenig umhergelaufen, habe ansonsten stillstehend oder -sitzend gestaunt, und war nach einer Stunde wieder „unten" im Ort, der nach einer dem Staunen geschuldeten Sprachstörung klingt.

Nach 114 Ländern gibt's immer noch viel zu staunen. Unfassbar!

Der andere Grund ist, dass man hier auf Koka-Blätter gegen die Höhenkrankheit schwört. Neben ein paar kleinen Empanadas als Wegzehrung und vor allem hinreichend Wasser oder Mate, nimmt man auch diese Blätter mit, die viel weniger mit Cola und viel mehr mit dem Betäubungsmittelgesetz zu tun haben. Aber keine Sorge, man lässt sich das Blatt fachgerecht falten und schiebt es dann in die Wange, wo es seine Wirkung tun soll. Ich weiß nicht, ob es wirkte. Und noch weniger, ob es für diesen kurzen Aufenthalt nötig war. Den Rausch, den mir die übrige Natur verschaffte, hätte das kleine Blättchen ohnehin nicht erzeugen können.
Aber vielleicht half es mir ja auch, wissend zu grinsen.

MATÍAS

Ich schlenderte durch die aufregende Stadt Buenos Aires, blieb immer mal wieder für die Musik stehen und unterhielt mich eine ganze Weile mit dem 72-jährigen Tangotänzer Matías in einem englisch-spanischen Sprachwirrwarr, das selbst wir beide kaum entschlüsseln konnten. Sie wissen es vielleicht schon aus meinen Geschichten aus anderen Ländern: Meine allzeit ultimative Reiseempfehlung lautet „Sprich mit Menschen!“
Ich folgte dieser Idee natürlich und es sollte auch diesmal wieder ein Genuss werden. Matías stand zwischen zwei Geschäften auf der Einkaufsstraße La Florida, während seine Tochter sich von ihrem Partner auf der Straße zur Tangomusik aus einem Uraltrekorder führen ließ. Er erzählte mir mit stolzer Körperhaltung, dem stechenden Blick des lebenslangen Machismo und einem wissenden Lächeln, dass er einmal ein großer Tangostar war. Wie jeder Star wurde er nicht müde, prominente Namen und Ränge aufzurufen von Menschen, die ihn einst sahen. Er also tanzte und litt theatralisch vor Präsidenten, Königen, Päpsten und Revolutionären. Seine Augen strahlten die mehr als 70 gelebten Jahre hinweg und es schien, als würden die Haare schwärzer, die Falten flacher und der ganze Mann größer, als er von seinen großen Zeiten ausgerechnet gegenüber einem Europäer sprechen durfte. Dann sprach er davon, dass er jetzt nur noch hier zum Spaß und für ein bisschen Trinkgeld tanzt, aber dass der Tango schon immer sein Leben war. Er hatte eine Frau nach vielen Frauen und ein paar Kinder, die nun alle tanzten und es seinen Enkeln beibrachten.
Sein Leben war der Tango, er war Tango.

Schließlich sprach er davon, dass er hoffte, beim Tango eines Tages einfach tot umzufallen. Mitten auf der Straße, in einem gefühlvollen Tanz zur herzerweichenden Musik und unter den feurigen Augen einiger Argentinierinnen das Zeitliche zu segnen, sei sein größter Wunsch.

Es war wirklich unfassbar. Egal wie stolz und hinreißend eine Geschichte in Buenos Aires ist, sie hat gefälligst auch etwas Tragisches und natürlich Melancholisches zu haben, wie ein Ende im Tangotod. Ich weiß auch nicht. Erzählt man hier Geschichten ohne bittersüße Details, wird man wohl aus Argentinien ausgewiesen, muss nach Brasilien emigrieren und lebenslang zu Samba den Hintern kreisen lassen oder so. Ich weiß nicht mal, welches die größte Strafe für einen Argentinier wäre. Wahrscheinlich die ewige gute Laune unterm Zuckerhut beim eher ungeliebten Nachbarn.

Schaut man sich nach so einer Geschichte dann zum Beispiel auf dieser ständig überfüllten Einkaufsstraße in die Gesichter, die kurz für den Genuss des Tanzes zweier Unbekannter stehen bleiben, kann man genau sehen, wie die Melancholie das Gesicht beherrscht. Das eben genau meine ich mit Tangogesichtern. Doch Vorsicht! Ein argentinisches Tangogesicht ist nicht zu verwechseln mit einem deutschen Nörglergesicht. Das argentinische bleibt dabei immer stolz und selbstbewusst, während das deutsche manchmal hässlich und selbstaufgebend wird.

Egal wann Sie sich also auf der La Florida oder einer anderen Einkaufsstraße bewegen werden, Sie werden immer einige Paare sehen, die für ein paar Pesos oder auch nur für sich tanzen. Ich kann nicht versprechen, dass Matías an einer der Straßenecken stehen wird. Aber sicher ist, es gibt da fast so viele Tango-Matíase wie Straßenecken.

SIE MÜSSEN GITARREN HÖREN!

Ja, ich weiß, wieder eine Geschichte, in der Tango vorkommt. Aber es geht nicht anders, denn er macht für mich die Stadt aus wie die Steaks.

Sie sollten sich dem Genuss des Tangos auch einfach hingeben, ausweichen können Sie ihm ohnehin nicht. Besuchen Sie eines der unzähligen Theater und schauen Sie den Großen der Tangowelt zu. Hätten Sie gedacht, dass Buenos Aires nicht nur eine höhere Dichte an Psychiatern und Psychologen als Manhattan in New York hat, sondern angeblich auch die weltgrößte Dichte an Theatern? Wie also könnte irgendjemand das Bild des Tangos in Buenos Aires überhaupt überstrapazieren?!

Doch bitte versuchen Sie auch, eine kleine Tangoshow irgendwo in einem Hinterhof oder auf einem Dach mitten in der Stadt zu besuchen. Es ist wie die dritte Kraft der gleichen Musik. Zwischen der groß und eindrucksvoll zelebrierten Musik in den Theatern und dem beiläufigen in den Einkaufsstraßen gibt es noch den herzlichen und im kleinen Kreis geliebten und gelebten Tango. Besonders in San Telmo und La Boca sehen Sie oft Musiker spielen. In kleinen und großen Gruppen, alleine oder als Begleitung von Tangotänzern.

Ich saß auf einer kalten und zugigen Dachterrasse mitten im Stadtteil La Boca. Gegen Ende

und Mitternacht war es wirklich frisch geworden. So saßen wir da, tranken Rotwein und hörten sehr aufwühlende Tangomusik von drei Gitarristen. Ich kam mir vor wie in einem Autorenfilm der 60er Jahre, so klischeebeladen war das Ganze. Und so schön. Nur nicht so schwarzweiß, wie es damals sicher gewesen wäre.
Nachdem die nächste Flasche wunderbaren argentinischen Rotweins geöffnet war, spielte ein weiteres Gitarrentrio, dessen Sänger ganz offensichtlich sehr witzige Texte zur Tangomusik sang, was ich am nicht enden wollenden Gelächter mitbekam. Leider verstand ich zu diesem Zeitpunkt noch viel zu wenig Spanisch, um wissend mitzulachen, und entschloss mich, nur solidarisch mitzuschmunzeln. Ich hatte ein wenig Lachen nach all dem Weinen der vorhergehenden Gitarren-Truppe auch bitter nötig.
In der Zugabe hat dann eine Frau zu den Klängen der Gitarren ein Lied gesungen. Und was ich da erlebte, wird mich wohl auf ewig verfolgen. Denn sie hat das Lied nicht einfach gesungen, sie hat es geschmachtet. Sie hat das Lied aus sich heraus gelitten, sie hat jede Note und jedes Wort bildschön sterben lassen. Ihre Augen waren dabei so voller Wehmut, Stolz und dem Leid der Erde, dass ich nicht wusste, ob ich mich in diese kämpfende Seele auf der Stelle unsterblich verlieben, ihr ein paar Antidepressiva besorgen oder mich einfach nur mit allen anderen auf der Terrasse zum gemeinsamen Sterben in unserer kleinen Tangosekte verabreden sollte.
Ich kann Ihnen nur empfehlen, diese Erfahrung nicht an sich vorbeigehen zu lassen. Der Wein ist oft gut und selten teuer, die Musik ist herzzerreißend und die Stimmung unvergesslich. Nehmen Sie sich während des scheinbaren rituellen Todes einiger Sänger und Gitarristen doch mal die Zeit und schauen Sie den anderen Gästen tief in die Augen. Dort werden Sie Argentinien sehen.

NICHT HÖREN – SCHAUEN!

Buenos Aires hat nicht nur den Tango, es hat auch die bildende Kunst. Juchhe, eine Geschichte, die nichts mit Musik zu tun hat und das mitten aus Buenos Aires!

Diese Stadt hat viele Einwanderungswellen erlebt, die aus allen Ecken der Welt und besonders aus Europa Fremde brachten und sie zu Porteños machten. Unter anderem ließen diese Einwanderungswellen, von denen die letzte gerade mal ein paar Jahrzehnte her ist, mittlerweile die Einwohnerzahl auf mehr als 13 Millionen Menschen im Großraum Buenos Aires anwachsen. Und viele dieser Einwanderer haben neben anderen Einflüssen auch Kunst mit nach Argentinien geschleppt. Wenn Sie ein bisschen kunstaffin sind, wird es Ihnen auch so gehen, dass Sie in den staatlichen Museen eines Landes immer auch viel vom Land und seinem Selbstverständnis lernen werden. So werden Sie zum Beispiel in den Museen von Santiago de Chile beinahe nur einheimische Künstler entdecken, die in Europa weitgehend unbekannt sind und die sich durch ihre lange politische Abgeschiedenheit zu einem ganz eigenen Stil entwickeln durften. In Buenos Aires ist dies total anders. Unbefriedigend, wenn Sie mich fragen. Denn die ewigen Einwandererströme in das Land, die Buenos Aires zur wohl Europäischsten Stadt Südamerikas machten, haben mit sich gebracht, dass so ziemlich jeder großer Name im Museum vertreten ist. Doch leider meist nur mit Werken aus der letzten Reihe. Die eher schwachen Bilder von Picasso, unbedeutende Werkstattarbeiten von ein paar Holländern und so weiter. Nun ja, Mitgebrachtes eben. Kunstsouvenirs. Wer sich daran erfreuen kann, ein paar Bilder von bekannten Namen zu sehen, wird hier seine Freude habe. Wer schon ein paar der großen Werke dieser großen Künstler gesehen hat, wird sich teilweise mit Grauen abwenden und sich nach Chile sehnen, um irgendwie Unverbrauchtes und Originelles, ja Eigenes zu sehen. Und natürlich finden Sie auch im „Museo Nacional de Bellas Artes“ und im „Museo de Arte Moderno“ tolle Werke. Ich persönlich mochte auch das eher kleine und privat finanzierte Museum im Stadtteil Puerto Madero sehr, das auf den klangvollen Namen „Colección de Arte Amalia Lacroze de Fortabat“ hört. Und wirklich spannend ist dann das „Museo de Arte Latinoamericano de Buenos Aires“ – kurz „MALBA“ – auf der Avenida Figueroa Alcorta. Na ja, und vielleicht gefallen Ihnen auch die Mitbringsel aus Europa besser als mir.

Ich aber finde, man ist in Buenos Aires als Kunstfan besser aufgehoben, wenn man den mitge-

brachten Namen aus dem Weg geht und sich um die lateinamerikanische Kunst kümmert und sich Bilder und Skulpturen von Künstlern anschaut, von denen man noch nie etwas gehört hat. Das kann Sie überraschen, das kann Sie begeistern. Kramen und wühlen Sie sich also durch die kleinen Galerien. Von denen gibt es sehr viele und nicht alle überleben eine lange Zeit, sodass es schwierig ist, da auf dem Laufenden zu bleiben. Fragen Sie am besten in einem kleinen Café nach, dort wird man Ihnen weiterhelfen.

Und jetzt noch mein ganz spezieller Reisetipp, den Sie sicher nirgends in einem Reiseführer finden und über den die wahren Kunstliebhaber sofort die Nase rümpfen werden. Ich neige dazu, manche der Werke oder auch nur deren Namen heimlich abzufotografieren, um mir im Nachhinein noch ein paar Informationen zu besorgen. So auch hier. Und der wirkliche Spaß kommt auf, wenn Sie beim Fotografieren erwischt werden, was meistens verboten ist. Der ungewöhnliche Reisetipp also lautet: Wärter verscheißern!

In meinem Fall kam der argentinische Zorn in Form einer Museumswärterin auf mich zu. Julieta stand auf ihrem Namensschild. Sekunden nach meinem ersten Kameraklick stand sie vor mir. Stolz, unnahbar und herrschend. Mit der Macht des Wärterjäckchens. Freundlich, aber bestimmt machte sie mich darauf aufmerksam, dass ich etwas Verbotenes tat. Ich steckte die Kamera ein und ging weiter.

Doch ich sah sie überall. Die Tangowärterin verfolgte mich, um zu sehen, ob ich wieder ansetzte, Nichtgenehmigtes zu tun. Zunächst ließ ich mich davon nicht ablenken, weil ich annahm, das könnte nur wenige Minuten andauern. Doch sie sind stur und stolz und hartnäckig, die Argentinierinnen. Und so machte ich mir den Spaß, sinnlose Routen durchs Museum zu laufen und ein stetiges Hin und Her zu entwickeln. Sie blieb dran. Nah dran. Tangonah. Ich fühlte mich in ihren Rhythmus aufgenommen und hatte das Gefühl, wir würden tanzen. Ich lief Schleifen und Arabesken, drehte und wende-

te mich, machte Ausfallschritte nach vorn und hinten, beschleunigte und verlangsamte und sie blieb nah bei mir. Die Säle waren unsere Bühne, die Bilder unsere Zuschauer, der Liebestanz voller Stolz hatte eine neue Form erfasst. Wir beide wirbelten. Und sie gewann. Natürlich. Ich habe nicht ein Foto mehr geschossen. Sie bescherte mir meinen ersten Tanz und nun hatte diese Geschichte doch wieder mit Musik zu tun. Es war mir eine Ehre.
Gracias, orgullosa mujer, Gracias, Julieta.

MACHISMO UND LA MADRE

Na, da fasse ich doch mal ein sehr heikles Thema an und warte auf die bösen Mails, die ich besonders von Frauen dazu bekommen werde.
Wer den Machismo in Reinkultur erleben will, ist hier goldrichtig. Der Machismo hat in Argentinien Tradition. Ich habe mich mit einer deutschen Einwanderin darüber unterhalten, die hier nicht nur seit mehr als zehn Jahren lebt, sondern hier auch noch ihre viel zu hübsche, blonde und mittlerweile 18-jährige Tochter aufgezogen hat. Sie klärte mich auf, dass zunächst einmal der Eindruck trüge, dies wäre ein gefährliches Land für eine alleinerziehende Mutter mit ihrer überaus hübschen Teenager-Tochter.
Dieser Satz ist der eigentliche Grund, warum ich dieses heikle Thema für Sie als mögliche Reisende überhaupt anfasse!
Der Machismo, schwärmte Ines mir vor, beschütze sie beide mehr, als dass er sie bedrängte. Sie hätte mehr Angst, ihre Tochter in Deutschland allein ausgehen zu lassen als hier. Na schau!
Mittlerweile ist der Widerstand gegen eine extreme Ausprägung des Machismo in Argentinien sehr gewachsen und immer wieder demonstrieren und protestieren Frauengruppen selbstverständlich zu Recht gegen die Übergriffigkeit der Männer, die leider auch allzu oft in den eigenen vier Wänden in Gewalt und sogar tödliche Gewalt mündet. Unter dem Motto „Ni una menos“ – „Nicht eine weniger“ – sieht man sie auf den Straßen.
Das macht es mir natürlich schwer, das Schwärmen vom Machismo zu verstehen. Aber um noch einmal meine Bekannte zu zitieren: „Auswüchse hart zu bekämpfen, heißt nicht, auch gegen die Grundkultur des Machismo zu sein.“ So bewege ich mich als Durchreisender ruhig weiter auf dem dünnen Eis und beschreibe das Gesehene. Wie immer. Ich habe es mir einfach von der Deutschen in Argentinien erklären lassen. „Ein Macho in

Argentinien, und in Südamerika überhaupt, liebt normalerweise die Frauen, und er trägt sie auf Händen. Nach außen stellt er den starken Mann dar, der seine Stärke nicht nur daran misst, dass er die Entscheidungen trifft und der Führer der Familie ist, sondern auch daran, dass er stark genug ist, seine Frau und die Frauen überhaupt zu beschützen und sich vor sie zu stellen. Die Frauen hingegen genießen das und sind sich darüber im Klaren, dass, wenn sie sich auf dieses Spiel einlassen, sie ihre Ruhe haben und sie letztlich ohnehin alleine die heimlichen Entscheidungen treffen werden."

Wie diese Erklärung mit den Übergriffigkeiten und Schlimmerem der Männer gegenüber Frauen zu vereinen ist, erschließt sich mir nicht. Vielleicht liegt das an einer anderen Prägung der argentinischen Männer hier. Denn um meine Bekannte ein weiteres Mal zu zitieren: „Eigentlich sind argentinische Männer alle Muttersöhnchen. Oder anders: Nichts verehrt er so sehr wie *la madre*, die Mutter!"

Das Ausheulen an der Mutterbrust hat in Argentinien sicher noch mehr Tradition als der Machismo. *La madre* ist immer da, wenn es dem Argentinier noch schlechter geht als gewöhnlich. Bei *la madre* darf sich auch der größte Macho so richtig ausweinen. Und er vergisst nie seine Mutter. *La madre* ist beinahe heilig.

Wer als Reisender nicht die Chance bekommt, in die Familien gelassen zu werden – was in Argentinien eigentlich recht schnell gehen kann – und zu erleben, wie ein vom Leben gezeichneter Macho wieder an der Brust von *la madre* weint, sollte auf die Musik hören und die Tänze sehen. Hier wird einem das Phänomen *la madre* eindrucksvoll präsentiert. Denn wenn über etwas gesungen wird, ist es eben oft *la madre*. „La viejita santa y buena", die „heilige gute Alte", wird in Tangos besungen und die Sänger scheinen sich dabei jeden einzelnen Ton herumzuquälen, als würden sie die eigene Geburt und deren Schmerzen für *la madre* nachempfinden.

Und beides ist eben auch Argentinien.

HOTTE HÜH HOCH DREI

Nach dem argentinischen Rind ist das Pferd wohl der wichtigste Vierbeiner in Argentinien.

Das hilft Ihnen jetzt erst einmal nicht weiter, aber ich mag es sehr, einfach mal eben solche Sätze zu postulieren.

Und auch Ihnen wird neben dem Rind immer mal wieder das Pferd begegnen. Lassen Sie uns das

hiesige Pferd mal von drei Seiten angehen. Oder aufzäumen oder so.
Da hätten wir zunächst einmal natürlich die Gauchos. Jene Cowboys des argentinischen Hinterlandes, die so berühmt sind. Sie gelten als Nachfahren iberischer Einwanderer und Indigenas, die ihren Lebensunterhalt als Arbeiter in der Viehhaltung verdienen. Sie leben, zumindest scheinbar, noch wie vor vielen Jahren und glauben auch nicht, dass die Menschen in Buenos Aires überhaupt echte Argentinier sind. Und dass die Stadt selbst mehr einen ausdrückwürdigen Pickel auf den ebenen Weiten des Landes darstellt. Sie sind wirklich wichtig für das Land und auch die Kultur. Wenn Sie die Möglichkeit haben, in die Weiten der Pampa – übrigens ist auch Buenos Aires geografisch Teil der Pampa – zu reisen, werden Sie ganz wunderbare und wahrlich andere Erlebnisse als in der Hauptstadt haben. Aber auch wenn Sie in den Großstädten bleiben, begegnen Ihnen die Zeichen der Gauchos immer wieder. Und sei es in den sehr schönen Geschäften, in denen deren Mode, Leder, Messer, Silber und anderes angeboten wird. Ich habe unfassbar schöne, originelle Lederjacken zu einem – für unsere Verhältnisse und mit der Unterstützung der Blue Rate – extrem günstigen Preis bekommen. Aber selbst wenn Sie nichts kaufen werden, laden diese Geschäfte buchstäblich zum Reinschnuppern ein, denn das Leder und die anderen Arbeiten haben einen ganz speziellen Duft.

Er brachte den Geldsegen

Als zweites empfehle ich die schon angedeuteten Pferderennen. Auf der Rennbahn im Stadtteil Palermo und auch anderswo finden mehrmals die Woche das ganze Jahr über Rennen statt. Die Pferde sind wunderschön, die Organisation klappt – nun möchte ich aus Respekt nicht zu überrascht klingen – wie am Schnürchen, es wird klein gewettet und groß gejubelt.

Übrigens, meine bezaubernde Dinorah – ja, wir nähern uns der Aufklärung, wer das nun ist – war eines Tages mit mir auf der Rennbahn und entschied sich, auf ein Pferd zu wetten, das laut Wettquoten wohl direkt von der Rennbahn in die Wurstfabrik weiterlaufen sollte. Die Quoten waren gigantisch. Sie aber setzte tapfer 500 Pesos – damals circa 3,50 Euro. Und es kam, wie es laut aller Profis nicht kommen konnte. Der Gaul wehrte sich erfolgreich gegen die Schlachtbank, gewann das Rennen und bescherte meiner Guten einen satten Gewinn von 35.000 Pesos. Damals immerhin ungefähr 250 Euro. Oder anders, das Monatsgehalt ihres Sohnes Daniel, der hier als Koch arbeitet.

Also der Tipp: Hingehen, klein auf den Gaul mit der Wurstpelle im Blick setzen, alles genießen und vielleicht gewinnen. Wenn nun auch nicht gerade Ihren Monatslohn.

Und als drittes im Pferdereigen kann – nein, muss – ich Ihnen den Polosport ans Herz legen. *Es sei denn, Sie sind ein militanter Tierschützer, dann sage ich natürlich: „Buuuhhh, Pferdesport. Igitt!“*

Für alle anderen, gehen Sie da hin!

Dinorah und ich wollten schon länger mal zu einem Spiel gehen, aber einerseits gibt es dafür eine zeitlich eng begrenzte Saison und zum anderen hat dieses dämliche Corona-Virus alles immer wieder verschoben. Dann stolperten wir über eine Anzeige. Es gab ein Turnier in Hurlingham. Was nach England klingt, liegt in der Provinz – nicht der Stadt – Buenos Aires und war mit dem Auto in circa 60 Minuten zu erreichen. Eigentlich! Argentinien! Denn das Taxi der Marke VW Gol (ohne f) war sich wohl nicht sicher, ob es uns mit seinen PS zu den anderen PS bringen wollen würde.

Das erste Auto dieser Marke holte uns ab und war selbst für deutsche Verhältnisse recht pünktlich. Irgendwann meinte aber der Fahrer, er müsse jetzt von der Schnellstraße runter, weil er noch tanken müsse. Ich grummelte mir bereits einen, da ich ahnte, dass all die hübschen Polopferde nicht auf uns beide warten würden. Aber ich hatte ja keine andere Chance, als großmütig zu sein und erneut gelassen durch die Augenlider zu atmen. Wir suchten ewig eine Tankstelle und als wir sie gefunden hatten und das Auto betankt war, sprang der Karren einfach nicht mehr an. Der Gol vermisste wohl sein f und bockte jetzt. Wir ließen ihn stehen, wo er ohnehin nicht mehr wegkam, enterten ein anderes Taxi, zahlten extra, weil der Fahrer ja in die Provinz musste und nicht wusste, ob er eine Fahrt zurückbekommen würde, und fuhren los.

Übrigens, die Taxipreise sind nach der Blue-Rate-Rechnung spottbillig.

Und dann sah ich etwas Seltsames. Es trat Rauch da heraus, wo eigentlich der Gurt rauskommen sollte. Für einen Deutschen und eine Venezolanerin war das etwas Besorgniserregendes, für einen argentinischen Taxifahrer aber nicht. Wir hielten zwar zweimal an und er schaute bemüht besorgt in den Schacht für den Gurt, der fröhlich vor sich hin qualmte, winkte aber ab und fuhr weiter. Das Atmen fiel meinen Augenlidern merklich schwerer.

Ob das eigentlich ein guter Moment ist zu erwähnen, dass Argentinien offiziell immer noch ein Dritte-Welt-Land ist? Ja? Nein? Egal. Ist es.

Aber wir kamen an und es war wundervoll.

Unterwegs hatte ich gelernt, dass dies nicht nur irgendein Turnier in Argentinien sei, sondern das zweitwichtigste in Argentinien überhaupt. Und da in der Welt des Polos nichts an Argentinien vorbeiführt, war es wohl auch das zweitwichtigste Polo-Turnier weltweit. Und welches Spiel hatten wir da mehr oder weniger unwissend gebucht? Das Finale. Es war großartig. Die Tiere sind eine Pracht, die Spieler waren vom welthöchsten Niveau, das Spiel war sehr spannend und die Aktionen von Pferd und Reiter waren spektakulär. Und zum Schluss gewann sogar eine Mannschaft. Ich habe vergessen, welche. Entweder die mit den blauen oder den grünen Polohemden.

Endlich sah ich mal eine Gele-

genheit, zu der es sich wirklich lohnte, Poloshirts zu tragen.
Obwohl, wussten Sie, dass das moderne Poloshirt eigentlich für Tennisspieler entworfen wurde? Vom Tennisspieler René Lacoste, dessen Spitzname „Krokodil“ war? Verwirrend.
Wie dem auch sei, ein Polospiel, und dann auch noch eines dieser Klasse, ist ein unbedingtes Reisemuss, wenn Sie denn in der Polo-Saison hier ankommen.
Versöhnungs-PS: Außer Uruguay und Chile besteht ganz Lateinamerika aus Dritte-Welt- oder eben Entwicklungsländern. Und Argentinien war schon kurz davor, von dieser Liste gestrichen zu werden, wie es 2022 mit Panama geschehen ist. Glückwunsch Panama! Vamos Argentina!

DIE GUTE-GEFÜHL-GESCHICHTE FÜR OSTDEUTSCHE

Ist Ihnen eigentlich klar, dass es immer noch und sicherlich noch für einige Jahre Länder auf dieser Welt gibt, denen wichtig ist, ob man aus Ost- oder Westdeutschland kommt? Und das nicht etwa zwingend zugunsten der Westdeutschen. Einige Länder haben eine bessere und zärtlichere Erinnerung an die DDR, als wir sie haben. Mich eingeschlossen, denn ich vermisse rein gar nichts an dem Land, in dem ich aufwuchs, das mich aber zum Beispiel nicht reisen lassen wollte! Wenn man darüber nachdenkt, fallen einem auch schnell ein paar Länder ein, die so denken könnten. Wie Russland, Tschechien, Polen, Ungarn. Aber die sind es nicht, denn die haben sich schon damals auch nach dem Westen gesehnt. Vielmehr begegnen einem Menschen mit einer gewissen DDR-Ostalgie in Ländern wie Chile, Mosambik, Vietnam, Nicaragua und Kuba. Also Ländern, deren Menschen oft in der DDR studiert und gearbeitet haben. Und Länder, denen die DDR tatsächlich geholfen hat.
So ist mir zum Beispiel in Mosambiks Hauptstadt Maputo – um mal ein ganz klein bisschen regional abzuschweifen – ein Mann begegnet, der mir sagte, seine sieben besten Jahre hatte er in Bitterfeld. Ein Satz, den man selbst von Bitterfeldern selten hört. Aber er war jung, verliebt in eine Deutsche, hatte einen Job und das Ausland war spannend. Und so war er nun ganz begeistert, in mir einen Reisenden zu treffen, der in Dresden geboren wurde, auch wenn ich nur einmal für zwei Stunden in meinem Leben in Bitterfeld war und das auch noch nach der Wende.
Na ja, nun war ich ja weitergekommen und in Argentinien. Doch auch in Buenos Aires kann

man erleben, wie den ostdeutschen Landsleuten plötzlich eine Träne der Rührung in die Augen steigt. Womit wir nach den Zwischenstationen Maputo, Bitterfeld und Santiago de Chile endlich wieder in Buenos Aires und so beim Thema wären.

Denn selbst wenn man die DDR nicht zurückhaben möchte und schon längst in der Jetztzeit angekommen ist, werden alte DDR-Stars und uralte Filme der Serie „Polizeiruf 110“ zwischen Rostock und Suhl gern auch etwas wehmütig gesehen. Wenn diese Landsleute nun durch Buenos Aires schlendern und in Puerto Madero ankommen, werden sie staunen. Ja staunen müssen.

Staunen, wie ich staunte, als ich plötzlich wie vom Donner gerührt stehen blieb und nicht glauben konnte, was ich sah.

Denn da stehen sie, frisch renovierte, prächtig und farbenfroh in Rot und Gelb gestrichene Kräne. Zunächst einmal ist dies freilich nur für die eigentlich zu vernachlässigende Fangemeinde des Kranbaus interessant. Doch schaut man genauer hin, erkennt man, wie stolz und weithin sichtbar der Hersteller dieser irgendwie feingliedrigen Stahlwerkzeuge auf ihnen prangt. Da steht es, mitten in Buenos Aires, und damals sicherlich ein paar Tonnen Südfrüchte im Tausch wert: „VEB Kranbau Eberswalde“!

Mit-Ossis, das Tränchen kann nun rollen.

Ach übrigens, die ersten Fotos dieser Kräne habe ich im Jahr 2010 geschossen. Und 2021 und 2022 lebte ich plötzlich in jenem Haus dahinter, das ich damals zufällig mit abgelichtet habe. Daher konnte ich nun auch zwölf Jahre später die beiden gelben Riesen von hinten oben, von unserer Terrasse fotografieren. Das sind die kleinen Weltenbummlerverrücktheiten, die einem in so mancher Form immer wieder passieren. Und die mein Leben so unendlich spannend machen.

Und noch ein Übrigens*: Ich habe mich an die Nachfolgefirma des „Kranbau Eberswalde" gewendet, um zu erfahren, wie damals der Deal wohl aussah, und muss nun enttäuscht bekanntgeben, die Krane wurden einfach nur so von Argentinien bezahlt. Gäääääähn! Aber Manfred Habke hat mir einige Fotos von damals geschickt. Danke schön und bitte schön:*

So kamen die einst hier an

CORONA UND DINORAH

„Wenn du Gott zum Lachen bringen willst, erzähl ihm von deinen Plänen." So heißt ein Sprichwort. Und da nicht genauer spezifiziert wird, welcher Gott gemeint ist, wird es wohl ein schallendes Gelächter unter allen möglichen, tausenden Göttern geben, wenn man seine Pläne mal so eben vorträgt.

Mein Plan war, noch einmal jene Städte und Länder für länger zu besuchen, die mir bei meiner ewigen Weltreise besonders gefallen haben, gut getan haben, mir nah waren. Ich blieb für mehr als zwei Jahre in Thailand und verbrachte da vor allem Zeit in Bangkok und auf Koh Samui. Ich reiste weiter durchs Land und auch weiter durch Asien. Aber ich blieb hauptsächlich in Thailand und genoss Land und Leute sehr. Das alles war eine derart angenehme Erfahrung, dass ich hoffe, einige von Ihnen können es mir nachtun.

Der nächste etwas längere Stopp sollte eben in Argentinien sein. Ich kam am 29. Dezember 2019 hier in Buenos Aires an und verkündete der tausendköpfigen Götterschaar meinen Plan, für ungefähr sechs Monate bleiben zu wollen, um dann weiter nach „Costa Panama Rica" zu reisen, wie ich da oben die beiden Länder gern zusammenfasse, da sie für mich zusammen ein nahezu perfektes Land sind. Ich fühlte mich also wieder in Buenos Aires ein, feierte gleich darauf Silvester, meldete mich bei einer Sprachschule an, kam sehr schnell mit Argentiniern und anderen Reisenden in Kontakt und hatte eine tolle Zeit.

Dann hieß es, in China würde es ein Virus geben, das da wohl Unheil anrichtet. Was weit weg klang – immerhin 19.200 Kilometer Luftlinie! – betraf mich dennoch, da man als Weltenbummler fast immer berührt ist, wenn ein Virus ein Land, eine Stadt, Menschen trifft, die man besuchte. So auch China. Dennoch, es war weit weg und ich fühlte mich nicht nur in meinem hiesigen und mal wieder so frischen Leben wohl, sondern auch sehr gut vor dem Virus geschützt. Ich meine, wie lange würde so ein Virus schon brauchen, um fast 20.000 Kilometer Luftlinie zu überwinden? Ich hatte eine schöne, irgendwie alte, knarzige Wohnung in San Telmo und blinzelte erwartungsfroh in die Sonne und hätte nie im Leben geglaubt, dass mich hier dieses Virus auch nur im Entferntesten – selten stimmte das Wort mehr – betreffen könnte. Ja, ich durfte vor Jahren nicht nach Mexiko einreisen, weil dort die Schweinegrippe durchs Land zog. Und ja, ich hing auch vor Jahren eine Weile in Havanna fest, weil in Island ein Vulkan ausgebrochen war. Aber 20.000 Kilometer! Dafür wür-

de das Virus doch Jahre brauchen ... Ups, es ist da. Na schau. Wie Sie alle wissen, kam es anders und urplötzlich wurde ich mit einem der härtesten Lockdowns der Welt konfrontiert. Wir durften quasi nicht mehr raus, Kinder mussten fast sechs Monate in den Wohnungen bleiben, alles war geschlossen und wir hatten hier in Argentinien sogar 18 Monate Maskenpflicht überall. Also auch draußen an der frischen Luft. Das war alles nicht witzig.

Andererseits, mich zog rein gar nichts nach Deutschland und auch „Costa Panama Rica" konnte warten. Ich besann mich auf mein Motto „Immer schön gelassen durch die Augenlider atmen" und versuchte, das Beste aus der Situation zu machen, wie ich nun so ganz alleine für viele Monate in der fremden Welt in einer Wohnung hockte, in der jede Diele und jedes Möbelstück anders knarrte. Ich konnte hier immerhin gut und preiswert leben, saß den ganzen Tag über am Rechner, schrieb ein Theaterstück nach dem anderen – auch wenn vor lauter Schreck weltweit auch gleich mal alle Theater geschlossen hatten –, arbeitete weiter an dieser Reisebuchreihe – auch wenn nun gar keiner mehr irgendwohin reisen konnte –, schrieb wieder Gags und Sketches für einen sächsischen Radiosender – auch wenn ich das vor 15 Jahren aufgegeben hatte –, kochte selbst und trank viel zu viel Wein – auch wenn ich dadurch immer nur noch fetter wurde. Aber ich blieb entspannt und atmete gelassen durch die Augenlider.

Doch all das rund um Corona, Lockdown & Co. hatte auch etwas Gutes für mich. Sogar sehr Gutes! Und jetzt kommt endlich DIE Auflösung! Denn genau in dieser Zeit lernte ich Dinorah kennen. Sie arbeitete in dem Haus, in dem ich nun viel länger lebte, als das mal geplant war – die Götter grinsen schon wieder –, und so trafen wir uns in einer Zeit, in der man überhaupt niemanden treffen konnte. Sie stammt aus Venezuela, ist Juristin, sehr schön, sehr klug, sehr liebens-, umarmungs-, vertrauens-, und kusswürdig und gehört zu den fünf bis sieben Millionen Menschen, die aus Venezuela geflohen sind.

Wenn Sie über die Krise da oben an der Karibikküste noch nichts gehört haben, lohnt sich das Googeln wirklich mal.

Wir verliebten uns und fanden zueinander. Wir zogen in eine schöne Wohnung ohne Knarzen nach Puerto Madero mit Blick auf die Kräne vom „Kranbau Eberswalde". Das Leben ist ein Kreis.

Ich konnte also zunächst Argentinien wegen Corona nicht verlassen – fast 18 Monate gab es keinen regulären Flugverkehr von und nach Europa – und blieb dann wegen Dinorah, die ich ohne Corona nie kennengelernt hätte.

Das Grinsen und Lachen der Götter weicht einem wissenden Nicken und irgendein vorlauter Kleingott aus der vierten Reihe ruft: „Haben wir dir doch gesagt!"

Frisch verliebt in Puerto Madero

Nun ist es also mehr als drei Silvester später und ich überarbeite in diesem Moment meine Reisebuchserie an einem Schreibtisch in der argentinischen Hauptstadt. Hinter mir in der Küche kocht meine wunderbare Lebensgefährtin Lunch – es gibt venezolanische Arepas mit Rind und Gemüse –, durch die weit geöffneten Terrassentüren strahlt die Sonne bei 25 Grad und heute Abend werden wir bei einer schönen Flasche Malbec meines aktuellen Lieblingsweinguts „Escorihuela Gascón" den argentinisch-venezolanisch-deutschen Abend ausklingen lassen. Der ewige Weltenbummler ist hier also – für eine Weile – angekommen.

Und für Sie hat das nun einen gewaltigen Vorteil, denn ja, ich kenne mich in Buenos Aires sehr gut aus, habe die Argentinier noch mal ganz neu kennengelernt und habe mir hier ein Leben eingerichtet, von dem ich nicht zu träumen wagte. Was für Sie weitere unverhoffte Tipps mit sich bringt. *Also eigentlich habe ich das alles nur für Sie getan.*

Wie zum Beispiel – und es wird Sie angemessen verwirren – den Umtauschtipp.

Kein Kapitel in meinen bisher zwölf Weltenbummler-Büchern habe ich so oft umgeschrieben wie dieses. Der gerade eben noch beschriebene Rotwein ist längst vergessen, das Buch ist redigiert, lektoriert, gesetzt und fast schon im Verkauf, da nehme ich es mir noch mal vor. Aber was muss, das muss.

Also! Die Wirtschaft Argentiniens ist im Überlebenskampf, die ganze ökonomische Situation ist ein Desaster, der Argentinische Peso war seit Jahren auf Talfahrt, und diese nahm während meiner Argentinienjahre noch Geschwindigkeit auf. Gerade eben hat man die Staatspleite abgewehrt. Zumindest eine offizielle. Es wäre die zehnte des Landes gewesen. Dadurch ergaben sich kuriose Dinge, und hier folgt die versprochene Verwirrung. Wie zum Beispiel, dass es mehrere Umtauschkurse für den hier so heiß geliebten US-Dollar gibt, aber auch für den Euro. Das ist ganz offiziell, ich habe es dringend gebraucht und Sie werden es vermutlich gern nutzen, da Sie in Deutschland keine Argentinischen Pesos tauschen können, weil die sich freilich keiner hinlegt. Weder unters Kopfkissen noch auf die Bank. Hat man Pesos, müssen die sofort wieder weg. Warum? Ein – mein – Beispiel: Als ich Ende 2019 hier ankam, konnte ich einen Euro gegen 62 Pesos tauschen. Was mir damals schon gut vorkam, da ich vor zehn Jahren für einen Euro nur fünf Pesos bekommen hatte. Das machte natürlich alles viel günstiger. Und irgendwann bekam ich den Tipp, Geld auf der Straße zu tauschen. Und ja, das ist sicher. Wenn – um mal die nächste Stufe unserer kleinen Verwirrungsrakete zu zünden – die Kurse, nach einer Beruhigungsphase, wieder Salti schlagen – was erwartet wird –, empfehle ich Ihnen die Straße „Florida“ in Buenos Aires. Sie können die Geldwechsler nicht verpassen, denn sie rufen unentwegt „Cambio, cambio?“, also „wechseln“ oder „tauschen“. Als ich dort das erste Mal tauschte, bekam ich damals zur gleichen Zeit 85 Pesos für einen Euro, als der Wechselkurs offiziell bei 62 stand. Also circa 50 Prozent mehr, was alles natürlich sehr viel billiger machte.

Und das Allerbeste für die eher Ängstlichen unter Ihnen, Sie können das auch bequem vom Computer und dem Handy über Western Union tun. Denn dort bietet man Ihnen den beinahe gleichen Kurs an.

Als ich mir fast vier Jahre später, Ende 2023, via Western Union

Geld überwies – einfach vom eigenen Konto, und dann hier bei WU in bar persönlich abholte –, war der offizielle Kurs 1:370 und der bei Western Union 1:1.065! Das heißt, ich bekam so schon das fast Dreifache zum offiziellen Kurs. Und das auch ganz offiziell. Der pure Wahnsinn, der unmöglich gut enden konnte! Doch zunächst hieß das die vergangenen Jahre, dass mich alles durchschnittlich nur die Hälfte gekostet hat. Und bis Ende 2023 wurde es nur noch verrückter. Die Preise stiegen zwar kräftig – eine jährliche Inflation von 100 bis 160 Prozent war das neue Normal –, aber der Kurs fiel oft schneller. Schlecht fürs Land, gut für Reisende. Und legal!

Dazu gleich noch ein Extratipp: Cash gewinnt immer vor Kreditkarte. Das Leben wird für Sie hier preiswerter, oft bekommen Sie einen Preisnachlass bei Barzahlung, und Sie sparen sich teils verrückte Kreditkartengebühren.

Und dann wurde Ende Oktober 2023 ein neuer Präsident gewählt. Der selbsternannte „Anarcho-Kapitalist“ Javier Milei. Er gab sich im Wahlkampf wie ein Irrer, aber genügend Argentinier glauben, er wird die Wirtschaft des Landes und somit auch wieder das Land auf Vordermann bringen. Eine seiner ersten Amtshandlungen war die Entwertung des Pesos. Schmerzhaft, aber wohl überfällig. Am heutigen Tag – Stoppt die Buchdruckpressen! – ist der offizielle Kurs 1:890. Und der Blue Rate Kurs bei Western Union steht bei knapp 1:1.200 relativ fest und seit Wochen recht unbeweglich. Das heißt, man bekommt nur circa das 1,3-fache vom offiziellen Kurs. Und das heißt, das Leben in Argentinien ist auch für Reisende viel teurer geworden.

Wenn Sie kurz vor Ihrer Buchung und dann noch mal kurz vor dem Abflug wissen wollen, wie die echten Preise stehen, empfehle ich Ihnen, mal auf der Webseite eines Lieferdiensts vorbeizuschauen. Da haben Sie die Preise 1:1, können Sie in beiden Kursen in Euros umrechnen, und

Zahltag!

wissen, wo Sie wirklich stehen. Ich empfehle rappi.com.ar. Denn da gibt es auch einen normalen Einkaufsservice, der Ihnen mehr erklärt.

Nicht genügend Verwirrung? Abwarten! Denn wie das mit den Kursen und dem ganzen Land weitergeht – keine Ahnung. Immerhin will Milei eigentlich den Peso sowie die Zentralbank und einige Ministerien ganz abschaffen und den US-Dollar einführen. Argentinien bleibt eine Wundertüte.

Was soll ich sagen, ich habe halt extremes Glück gehabt. Auf diese Weise finanziell noch entspannter und mit meiner venezolanischen Liebe im Arm durfte ich Buenos Aires erkunden. Auch kulinarisch.

Wenn Sie mich fragen – was Teil des Buchkaufs ist –, sollten Sie mal in einen meiner Lieblingsläden gehen, ins „la Poesia" in der Straße namens Chile in San Telmo. Dort gibt es nicht das beste Essen der Stadt und auch nicht die besten Getränke – Cocktails über einer Komplikationsstufe von Gin Tonic würde ich hier ganz weglassen –, aber die Atmosphäre ist toll. Wenn Sie ankommen und sich im Laden umschauen, werden Sie sofort sagen: „Klar, dass sich hier ein Autor wohlfühlt."

Sie MÜSSEN in den Mercado San Telmo. Das ist eine alte Markthalle, die schon mal architektonisch interessant ist. Da sollten Sie hin, um durch die Läden zu shoppen, Antiquitäten zu sehen, und zu essen. Wir beide lieben dort besonders „De Lucia", den wunderbaren Koreaner mit seinem kuriosen „Comic-Restaurant" und andere Läden wie den noch recht neuen Laden mit echt belgischen Pommes, die der Belgier

Jürgen da herstellt und verkauft. Unbedingter Hingeh-Befehl! Da der ganze wunderbare Markt mit all seinen Obst- und Fleisch- und anderen Futterständen direkt an der Defensa und nahe des sehr hübschen Plaza Dorrego – mit meinem Lieblings-Eiscafé – in San Telmo liegt, würde ich davon abraten, am Sonntag hinzugehen, da man sich dann im Markt nicht bewegen kann. Montags haben übrigens viele Läden geschlossen.

Der für uns beste Italiener ist „D'Oro" auf der Perú 153, das beste Sushi gibt es auf der Av. Independencia 732 bei „Nikkai Shokudo", den besten Fisch im „La Mar" im Stadtteil Palermo Hollywood, und für den edlen Abend empfehlen wir das „Puerto Cristal" in Puerto Madero. Einen tollen Ausblick auf die Stadt bei guten Getränken hat man in der „Alvear Roof Bar" in Recoleta, oder noch höher, aber dann nicht im Freien, ganz oben im „Alvear Icon Hotel" in der Sky Bar, dann wieder in Puerto Madero. Und wem es nach deutschem und dazu noch sehr leckerem Essen gelüstet, muss unbedingt ins „Extrawurst" (Tres Sargentos 427), in dem zwei deutsche Auswanderer auch die Würste selbst herstellen und tolles Essen servieren.

Wenn Sie das Grüne genießen wollen, sollten Sie unbedingt das Ökologische Reservat in Puerto Madero besuchen. Das ist sehr groß, sehr schön und eben besonders grün. Es gibt viele Vögel

zu beobachten, immer mal kreuzt ein Leguan oder eine Schildkröte Ihren Weg und Sie können unten am Wasser bis zum Fährhafen laufen und zumindest in die Richtung Uruguays schauen, was dann aber doch einige Kilometer Wasserfläche weit entfernt liegt. Wunderbar. Auch schon die Promenade vor dem „Reserva Ecológica de Buenos Aires", die Costanera Sur, ist mit seinen vielen kleinen Essensständen für die berühmte Wurstspezialität Chorizo und anderes sehr zu empfehlen.

Wir lieben den japanischen Garten „Jardín Japonés" und gehen gern durch den sehr großen Park „Parque Tres de Febrero" im Stadtteil Palermo. Dort gleich um die Ecke schauen wir uns begeistert Rennen auf der sehr schönen Pferderennbahn „Hipódromo de Palermo" an, und genießen es sehr, Polospiele zu sehen, die wiederum gegenüber im „Campo Argentino de Polo" stattfinden, wenn denn Polo-Saison ist. Und wir lieben die großartigen und wirklich toll inszenierten Tangoshows, wie die im Theater „Piazzolla Tango" in der „Galería Güemes". Von den vielen Theatern auf der Avenida Corrientes und dem unfassbar schönen Teatro Colón mit seiner exzellenten klassischen Musik mal ganz zu schweigen.

Oder kurz: Wir haben hier ein tolles, abwechslungsreiches und zudem sehr preiswertes Leben.

Wenn Sie nicht planen, so lange hier zu sein wie ich – Klappe, Götter! –, werden Sie hier eine tolle Zeit haben. Sind Sie länger hier, stellen Sie leider auch mal fest, dass nicht alles so prächtig ist, wie es aussieht. Wie sagen hier sogar die Einheimischen: „Von außen oft Madrid und Mailand – von innen oft Kongo." Und irgendwie stimmt das fast, wenn auch bei weitem nicht so drastisch. Mal ganz davon abgesehen, dass hier nix afrikanisch ist und ich noch nie in einer „weißeren" Stadt war. Denn vieles ist dann doch kaputt, funktioniert nicht mehr so gut und wird auch nicht gleich repariert. Alles wird auf morgen verschoben, in der Hoffnung, dass es noch ein Morgen gibt. Der Service ist oft genug stark verbesserungswürdig. Auf Grund der wirtschaftlichen Situation hat sich beinahe jeder Argentinier seine eigenen Wege und Tricks zugelegt, um mög-

lichst gut zu überleben. Irgendwie führe ich als Deutscher hier in der Hauptstadt von Argentinien ein venezolanisches Leben, da neben meiner künftigen Frau – jetzt ist es raus – auch einer ihrer Söhne, ihre Schwester, ihre Nichte, Freunde und Kollegen aus der Heimat hier leben und so mein Weihnachten in Buenos Aires zum Beispiel immer ein rein venezolanisches Fest ist, bei dem ich der Ausländer unter Ausländern im Ausland bin. Oder erneut kurz: Wunderbar! Weltenbummler halt.

„Also, Weltenbummler, war's das jetzt mit der ewigen Reiserei? Wird der alte Mann jetzt doch final heimisch? Gibt es bald Gardinen, die zu den Platzdeckchen passen, die auf den Vorleger abgestimmt sind?"

Nein! Ich werde nicht in Argentinien bleiben. Ich weiß, das überrascht. Aber für einen Weltenbummler reicht ein momentanes Wohlfühlen an einem Ort halt nicht aus. Mal ganz davon abgesehen, dass mein venezolanischer Schatz noch schneller fröstelt als die Argentinier selbst, ihr der „Winter" hier schlicht zu kalt ist, und Temperaturen von um die zehn Grad plus für die Frau aus der Karibik nach Tiefkühlfach klingen. Dazu kommt, dass ich persönlich glaube, dass mit dem neuen Präsidenten zwei, drei harte Jahre für das Land kommen werden, die dann hoffentlich ein besseres und stabileres Argentinien hervorbringen werden. Und das ist das Gute an einem Weltenbummlerleben: Das muss ich nicht mitmachen. Also ist es Zeit, weiterzuziehen.

Doch wie fasse ich denn nun Argentinien und besonders Buenos Aires zusammen? Vielleicht so: Ein junger Argentinier hat das in der wunderbaren und irgendwie verrückten „Napoles Bar" in San Telmo so auf den Punkt gebracht: „Ja, wir Argentinier platzen vor Stolz auf unser Land. Ich habe nur keine Ahnung, warum."

WAS ZU SEHEN BLIEBE

Ich finde, Buenos Aires gehört zu jenen Städten auf der Welt, die eine Sehenswürdigkeit an sich sind. Sie werden das Schlendern durch die Stadt genießen, die für südamerikanische Verhältnisse relativ sicher ist. Sie werden die Musik und die Restaurants genießen und Sie können durchaus auch die Menschen genießen, selbst wenn es vielleicht einen Moment länger dauert, bis sie sich öffnen, als bei Menschen anderer lateinamerikanischer Länder.

Was Sie unbedingt tun sollten, ist, sich in ein Café zu setzen und dort zu lesen oder zu arbeiten. Viele Menschen in Buenos Aires tun dies in Cafés und Restaurants. Schon aus einer gewissen Tradition heraus, denn oft waren – und sind auch noch – manche Wohnungen zu klein und die Familien zu groß, um daheim in Ruhe zu arbeiten, zu studieren oder zu lesen. So lassen Sie sich treiben und fühlen sich so ein bisschen argentinischer.

Das berühmte „Café Tortoni" auf der Avenida de Mayo kann selbst als Sehenswürdigkeit bezeichnet werden. Es wurde schon 1858 von einem französischen Emigranten eröffnet und ist seit jeher ein beliebter Treffpunkt für Künstler, Schriftsteller, Jazz- und Tangomusiker.

Wissen Sie was, bummeln Sie einfach durch die Stadt und genießen Sie die Unterschiedlichkeit der Stadtteile. Dann kommen Sie ganz von allein zum ehemaligen Puerto Madero, der nun der modernste Stadtteil dieser Stadt ist und so sehr zum Spazieren, Essen und Trinken einlädt. Hier sehen Sie schließlich die eindrucksvolle, wenn auch nicht sehr große Schrägseilbrücke „Puente de la Mujer" (Mujer = Frau). In Puerto Madero – in diesem Stadtteil sind übrigens alle Straßen nach Frauen benannt – liegt auch das hiesige Casino „Puerto Madero", das auf zwei zusammengesetzten Schiffen untergebracht ist. Übrigens, weil es in Argentinien an Land nicht erlaubt ist, ein echtes Casino zu betreiben, hat man es eben

Buchhandlung „El Ateneo Grand Splendid"

auf das Wasser verlegt. Eijeijei, Argentina!

Sie können das „Planetario Galileo Galilei" besuchen und Sie sollten sich unbedingt den Friedhof „Cementerio de la Recoleta" ansehen. Aber wie ich schon sagte, das Beste und Spannendste für mich war, die Unterschiede zwischen den Stadtteilen zu erleben. Es ist teilweise, wie unterschiedliche Städte zu besuchen. Das liebliche und alte San Telmo, das verbrauchte und fußballverrückte La Boca, das pulsierende Palermo, das altersedle Recoleta, das supermoderne Puerto Madero und andere. Und danach geht es entweder in ein Café oder ein Steakhaus.

Ja, Buenos Aires ist für mich nicht nur eine der schönsten Städte der Welt, sondern die Sehenswürdigkeit an sich. Es gibt viele Städte, die man besuchen sollte, noch mehr, die man besuchen könnte, Buenos Aires ist eine Stadt, um zu bleiben.

WELTENBUMMLERSTERNE
GELD & CO.

„Und was hat das gekostet?", werde ich dauernd gefragt, kurz bevor die Ergänzungsfrage folgt: „Und wie finanzierst du diese ewige Reiserei?" Na ja, was mich betrifft: Ich nehme meine Arbeit mit auf Tour, die Flüge sind – einmal unterwegs – meist nicht mehr lang und teuer, Hotels weichen oft Gastwohnungen, und – ganz wichtig! – ich habe nirgends auf der Welt Fixkosten.

Neidisch? Ach, nicht doch! Denn ich habe ja auch was für Sie.

Hier bewerte ich die Flugpreise, inklusive teils langer Taxifahrten in die Stadt und die Möglichkeit, schnell und günstig durchs Land und auch ins Nachbarland zu kommen. Bei den „Hotelpreisen" bewerte ich meine Kosten und das Verhältnis zu ähnlichen Hotels in anderen Ländern. Denn freilich können Sie beinahe jeden Preis überall auf der Welt finden. Gleiches gilt für die Nebenkosten, die auch die Verpflegung beinhalten.

Bei allen Bewertungen gilt: Je höher meine Weltenbummlersterne-Wertung, desto empfehlenswerter die Reise unter diesem Gesichtspunkt.

Übrigens, wenn bei vermeintlich gleicher Flugstrecke die Sterne-Wertungen für Flugpreise und Flugdauer unterschiedlich sind, hängt das damit zusammen, ob mehr oder weniger Direktflüge von Deutschland aus verfügbar sind.

Weltenbummlersterne	Hotelpreise	Flugpreise	Nebenkosten	Flugdauer	Zeitverschiebung	Empfehlung
Brasilien	3★	3★	4★	3★	2★	4★
Argentinien	2★	3★	3★	3★	2★	5★
Bolivien	4★	2★	4★	2★	1★	2★
Chile	4★	2★	4★	2★	1★	3★
Peru	4★	2★	3★	2★	1★	4★
Uruguay	5★	3★	4★	2★	2★	2★
Paraguay	4★	3★	4★	3★	2★	2★

OPERA

SIE REISEN NACH BOLIVIEN?

GLÜCKWUNSCH, INTERESSANTE ENTSCHEIDUNG!

ROTE RÄNDER

Ich überlege die ganze Zeit, ob meine nun kommende Beschreibung von La Paz wirklich charmant klingt. Was sagen Sie? „La Paz sieht vom Rand aus, wie der Blick auf ein rotgeziegeltes Loch in der Erde.“ Geht so? Unverständlich? Na gut. Also. Wenn man in La Paz landet, dann landet man eigentlich nicht in La Paz, sondern in El Alto, ein paar Kilometer weiter und auch noch ein paar Meter höher. Übrigens der höchstgelegene Flughafen Südamerikas und immerhin weltweit auf Platz 5 dieser Kategorie. Und wenn man sich von dort aus mit dem Auto der Stadt nähert, sieht man als Erstes das riesige Tal, in dem La Paz liegt. Und an den Hügeln, wie geziegelt, stehen tausende, meist rötliche Häuser. Es ist beeindruckend.

Auch aus der dann eher grauen Stadt selbst sieht man diesen roten Kessel um sich herum. Wenn man zum Beispiel auf der Kirche San Francisco steht, schaut man in einiger Entfernung auf die nächstgelegene rote Wand, die sich vor einem auftürmt. Von hier aus könnte das auch ein Zuschauerrang beim Fußball sein. Mit den rotgekleideten Fans der Heimmannschaft. – Ich will jetzt keine Beispiele nennen, um keinen Fußballkrieg loszutreten, aber natürlich meine ich im Zweifelsfall Ihre supertolle Mannschaft!

Es scheint, als ob diese meist kleinen roten Backsteinhäuser überall hingebaut wurden, wo ein Stückchen Platz dafür war. Keine Parks dazwischen, eigentlich kaum Grün – was hier so weit oben auch kein Wunder ist – und auch sonstige Farbtupfer lockern das rote Meer der Hänge und des Tales kaum auf.

Also was nun ist der richtige Vergleich? Rotgeziegeltes Loch,

Fußballränge? Rotes Meer? Nee. Es sieht mehr danach aus, als hätte jemand mit roten Häusern Tetris gespielt und in jede noch so kleine Lücke ein neues Backsteinhaus platziert.
Ja, so können wir es lassen! Willkommen in La Paz!

LA PAZ? EHRLICH?

Ich gebe es zu, bevor ich zur ersten Reise nach Bolivien aufbrach, wusste ich beinahe nichts über das Land. Nur so ein schwaches halbes Viertelwissen. Haben die nicht Drogenprobleme? Also nicht als Einzelschicksale, sondern als Staatsproblem? Wie sicher ist der Staat derzeit aufgestellt? Und werden da nicht auch Menschen, gern auch Touristen entführt? Reiseoptimisten nennen das dann wohl spannend.
Dennoch hatte ich mich gefreut, nun mal ein Land und zunächst mit La Paz eine Stadt in einem Land zu besuchen, in der es nicht so heiß für südamerikanische Verhältnisse ist. Mittlerweile hatte ich mir viel angelesen über die Trachten der Menschen von La Paz, über ihre Gastfreundschaft, die mannigfaltige Kultur und die vergnüglichen Abende und Nächte in einer Pena mit deren traditioneller Musik, mit Tänzen und selbstverständlich Es-

Na ja, zumindest mal was anderes

sen. Alles, was das Auswärtige Amt schrieb, nahm ich hin als das, was Anwälte immer als Erstes sagen: Besser nicht! Und somit als Automatismus, der einen nicht abschrecken muss.

Also bin ich gelassen auf dem Internationalen Flughafen von La Paz gelandet. Wieder einer jener internationalen Flughäfen, bei denen man nicht wissen möchte, wie die nationalen aussehen. Die Fahrt zum Hotel kostete 50 Bolivianos, was ungefähr sechs Euro waren. Das gefiel schon mal. So preiswert mag man es als Reisender. Das Hotel mitten in La Paz allerdings lag an einer Baustelle und es war tierisch laut. Was soll's, sagte ich mir versöhnlich, auch vor dem Hilton in New York wird mal gebaut. Ich versuchte, weltoffen und entspannt zu bleiben.

Kurz nachdem ich mit dem Taxi im Hotel angekommen war, ging ich essen. Dabei erlebte ich zwei bemerkenswerte Dinge. Zum einen gibt es hier hervorragende Steaks, für die man keine sechs Euro bezahlen muss. Zudem ist dem Auge des Reisenden nicht entgangen, dass sie hier eine sympathische Schrulle pflegen. Hier werden die Weintrauben, also besser die Weinbeeren, gehäutet, bevor man sie als Nachtisch serviert bekommt. Man musste wohl viel Zeit haben in bolivianischen Küchen. Vielleicht hätte ich auch Reis bestellen sollen, denn sicherlich füllen sie ihn. Mit kleinen, sehr, sehr kleinen Steaks oder so.

Ich entschied mich, meinem ersten Abend in Bolivien angemessen, für das bolivianische Nationalgericht, „Empanada Salteña". Das ist Fleisch, Schnittlauch, Rosinen, Kartoffeln, scharfe Soße und Paprika in einem Teig gebacken. Hervorragend! Dazu ein bolivianisches Bier der Marke „Cruzeña". So wundervoll verköstigt kam ich schließlich auf dem Hotelzimmer wieder an und fühlte mich trotz Baustellenlärms willkommen, mich auszuruhen, um ab dem nächsten Tag La Paz zu erkunden und dem Auswärtigen Amt zu sagen: Ihr habt ja keine Ahnung!

Doch irgendwas stimmte nicht. Denn an Schlaf war nicht zu denken. Es lag nicht an der Lautstärke der Baustelle, nicht am Nationalgericht und schon mal gar nicht am Nationalbier. Mehr an der regionalen Höhe. Da fiel mir wieder ein, was ich dann doch schon länger über La Paz wusste. La Paz wird oft als die höchstgelegene Hauptstadt der Welt bezeichnet. Was insofern nicht ganz richtig ist, als dass La Paz zwar der Regierungssitz ist, aber Sucre die Hauptstadt. Was aber sicher stimmte, La Paz liegt mit 3.200 bis 4.100 Metern viel zu hoch für eine erste ruhige Nacht für Ungewohnte. Na, das konnte ja was werden. In der ersten Nacht schlief ich jedenfalls kaum, sehnte mich nach mehr Bier und fing ganz heimlich an, mich extrem leise beim Auswärtigen Amt zu entschuldigen. Hatte ich vielleicht unter all den amtlichen Bedenken zu Bolivien Warnungen bezüglich der Höhenkrankheit überlesen?

Ja, ich hatte ein Problem. Ein ganz neues auf meiner vieljährigen und nicht enden wollenden und sollenden Weltreise. Ich befand mich in La Paz auf etwa 3.600 Metern über dem Meeresspiegel. Wo ist nur der Meeresspiegel, wenn man ihn mal braucht? Sofort ärgerte ich mich, dass ich nicht nach Santa Cruz geflogen bin. Diese Stadt liegt ungefähr 3.000 Meter tiefer, ist wesentlich wärmer und die Menschen sind schöner – heißt es. Aber Santa Cruz ist nicht spannend, La Paz soll es sein – heißt es. Mit all seinen Kirchen, wie „Iglesia de San Francisco", den alten und hübschen Bussen und den vielen Märkten. Nicht zuletzt liegt diese Andenstadt viel näher an solch touristischen und weltkulturellen Besonderheiten wie

Tiwanaku und dem berühmten Titicacasee. Ich habe mich auf all das sehr gefreut und mich trotz des verdrängten Wissens um die Höhe für La Paz und gegen Santa Cruz entschieden. Eben weil es spannender ist – heißt es.

Doch nun – und das war sicher – pumpte mein Herz wie wild, meine flügellahme Lunge glaubte, dass sie nie wieder einen vollständigen und möglichst sauerstoffreichen Atemzug abbekommen würde, mein Körper begann zu schwitzen und alles fühlte sich nach zweierlei Dingen an: Todespanik und dem Gefühl, dass alles in mir schreit, hau hier wieder ab!

Nun lag ich im Bett und hatte das Gefühl, ich überlebe diese Nacht nicht. Mit gehäuteten Weinbeeren als Henkersmahlzeit – na das muss doch nicht sein. So schlimm, so dramatisch hatte ich mir das nicht vorgestellt. Atemlose Stadt, jaja, doch gleich würgend?

Ich bin doch auch in Katmandu in Nepal gut klar gekommen. Wieso hier nicht? Gut, es sind hier noch einmal 1.000 Höhenmeter mehr, aber kann das so wild sein? Ja, es kann. Es ist.

Ich wartete nur noch darauf, das besagte helle Licht über meinem kleinen, hölzernen Bett zu entdecken, auf das ich nun endgültig zuröcheln sollte. War es zu spät, um gläubig zu werden? Wo die doch hier so schöne Kirchen haben. Die Atemzüge wurden immer kürzer und gehetzter. Das Herz schlug schneller und schneller und es schien, als wolle es die Lunge einholen.

So ein Quatsch, ich wollte schlafen und die beiden jagten sich. Die Lunge lag vorn. Die Haut war schweißnass und der Kopf dachte sich verrücktes Zeug aus.

Tatsächlich bekam ich irrationale Ängste vor Lungenembolien, Herzinfarkten und dem Kollaps meines ganzen Körpers. Ich hatte keine Medizin gegen Höhenkrankheit mit. Was nimmt man da eigentlich? Irgendwie logisch wäre Marihuana, zum Runterkommen. Ich versuchte es mit

Aspirin. Das überraschte meinen Körper nicht. Wenn ich schon mal was einnehme, versuche ich es immer mit Aspirin.
Nein, ich war in La Paz und sicher, ich dämmerte dem Erstickungstod entgegen.
Doch bevor ich wahrscheinlich endgültig das Zeitliche segnen würde, bevor meine Lunge zusammenfiele und das Herz dem Stillstand entgegenrasen sollte, nahm ich mir mit zittriger Hand ein Stück Hotelnotizpapier und griff mir den bereitliegenden Stift. Ich bäumte mich auf mit dem Versuch, nicht zu viel Sauerstoff zu verbrauchen. Warum habe ich auch nie ein Seminar von Reinhold Messner besucht? Tödliche Fehler im Vorfeld. Die Schrift wurde kaum leserlich und man würde rätseln, was ich da wohl noch auf dieser Station meiner Weltreise unter Atemnot aufgeschrieben hätte. Und dann steht dort geschrieben: „Na, haben Sie jetzt auch Lust auf Bolivien?“

STADTRUNDGANGSVERSUCH LA PAZ

Ich habe die erste Nacht überlebt. Gut, das wussten Sie schon. Vielleicht war meine Beschreibung zu drastisch, als dass mir jetzt noch die Ehrenbürgerschaft von La Paz angetragen würde. Doch ganz ehrlich, ich fand es überhaupt nicht lustig in dieser Nacht. Und ich bin noch zwei Tage in La Paz geblieben. Alle haben mir da oben immer wieder erzählt, es würde täglich besser werden und nach drei Tagen hätte man sich an die Höhe gewöhnt. Es wurde auch besser, doch wirklich angefreundet habe ich mich mit der Höhenluft nicht. Sicherlich wird es vielen von Ihnen dabei besser gehen, doch wenn Sie sich nicht ganz sicher sind, fragen Sie vorher bitte Ihren Arzt. Und wenn der Sie vor der Höhenluft warnt, hören Sie auf ihn und besuchen Sie dennoch Bolivien, es muss ja nicht so weit oben in La Paz sein.
Ich war nun aber einmal da und so schlich ich wie ein alter Mann durch die Stadt. La Paz kann, wenn man sich eben auf diese

Wo lang? – Ah, okay!

Andenstadt einlässt, wirklich anders, sehr spannend und auch irgendwie schön sein.

Die Stadt selbst weist einen Höhenunterschied innerhalb ihrer Grenzen von ca. 1.000 Metern auf. Und je höher die Menschen leben, desto ärmer sind sie. Es ist nicht nur die Höhenluft, die ärmere Bevölkerungsschichten da hochgedrängt hat, sondern auch die Tatsache, dass es je 100 Höhenmeter circa 0,6 Grad kälter wird. Bei einer durchschnittlichen Jahreshöchsttemperatur von doch nur 17,6 Grad macht das einen spürbaren Unterschied.

Sie selbst werden sich vermutlich wie die meisten Reisenden eher auf circa 3.600 Metern im Stadtzentrum aufhalten. Und da gibt es zumindest ein bisschen was zu sehen. Wie den zentralen „Plaza Murillo", den dortigen Präsidentenpalast und ein paar Museen und Kirchen. Doch wie wäre es zum Beispiel mit einem touristischen Dreierhopp: „Kirche, Hexen und Kokain"? – Nicht zwingend in der Reihenfolge, vielleicht wollen Sie ja zum Schluss was beichten.

Denn tatsächlich ist die römisch-katholische Kirche „Iglesia de San Francisco" eine der wichtigsten Sehenswürdigkeiten. Diese barock gestaltete Kirche zeigt auch indigene Elemente und bereits 1549 wurde mit dem Bau begonnen.

Zum Stichpunkt „Hexen" gibt es den weniger berühmten „Hexenmarkt". Obwohl dies eine touristische Bezeichnung ist, wird hier aber tatsächlich mit rituellen Waren gehandelt, wie Sie es sonst kaum sehen. Unter anderem

Amulette und Talismane. Aber auch obskure Glücksbringer wie Lamaföten, die dem glücklichen Hausbau helfen sollen. Als ob La Paz auch nur noch ein Haus mehr gebrauchen könnte.
Und zum Thema „Kokain“ gehen Sie bitte in das sehr spannende „Museo de la coca“. Hier finden Sie vieles zum Thema Kokain, der Kokapflanze, dem daraus entwickelten Getränk aus Atlanta, und zu den Themen „Kokain und Sexualität“ sowie „Sigmund Freud und das Kokain.“
Ich kenne ja Ihr Vorleben nicht, aber ich musste erst bis La Paz reisen, um sagen zu können: „Heute hatte ich einen Tag zwischen Kirche, Hexenkult und Kokain, mit ein paar neuen Erkenntnissen zum Sex und zu Freud.“
Und das Schlimmste, genau so fühlte sich mein ganzer Körper auch dank Höhenlage an, die ich einfach nicht vertragen sollte.

TIWANAKU

Schon des Namens wegen sollte man Tiwanaku besuchen.
70 Kilometer westlich von La Paz und noch ein bisschen höher – mir wird schon wieder schlecht –, nämlich auf 3.870 Metern über dem Meeresspiegel, liegt diese bedeutende Ruinenstätte einer Prä-Inka-Kultur. Wenn Sie schon mal hier „in der Gegend“ sind, müssen Sie da hin. Und sei es nur für den Fall, dass Ihnen mal ein Freund aber so richtig auf die Nerven geht, weil er beim Badeurlaub in Mexiko mal eben so eine alte Inka-Stätte gestreift hat,

und Sie dann gelassen sagen können: „Ja, Inka ist nett, aber wirklich spannend war es davor." Und wenn Sie neben coolen Namen und nervenden Kollegen noch einen dritten Grund brauchen, hier hochzukommen, so lassen Sie sich gesagt sein, dass dieses Weltkulturerbe Tiwanaku übersetzt ungefähr heißt: „Setz dich nieder, kleines Lama!" Also ich brauchte keinen weiteren Grund mehr.

Und es ist auch wirklich beeindruckend, was man hier sieht, selbst wenn bis heute kaum mehr als ein läppisches Prozent der ehemaligen Stadt mit angeblich ehemals 50.000 Einwohnern freigelegt wurde. Das Sonnentor und die Statue „el Fraile" – „Der Mönch" – schlagen einen besonders in ihren Bann. Besonders der Mönch – aus einem Block gemeißelt und sieben Meter hoch – muss einen beeindrucken. Aber auch die Mauern mit den eingefügten Relieffiguren lassen einen erahnen, was die stetig anhaltenden Ausgrabungen und Freilegungen noch zum Vorschein bringen können.

Noch viel mehr als die tausende Jahre alten Zeugnisse dieser Kultur überraschte mich plötzlich Jorge, mein bolivianischer Steine-Erklärer. Und zwar an der Stelle, als in seiner spanisch-englischen Historienführung der Name Erich von Däniken auftauchte. Moment mal, Erich von Däniken? Der Mann, der so ziemlich alles den Außerirdischen zuschreibt? Der wird doch nicht? Der hat doch nicht? Doch, hat er! Däniken sagt, kurz gefasst, das hätten Außerirdische hinterlassen.

Nun ja, das ist eben Dänikens Antwort auf alles und es hätte mich noch mehr verwundert, wenn Däniken gesagt hätte, ausgerechnet diese Steinkonstellation sei rein menschlicher Prägung. Meine erste Reaktion überraschte mich freilich nicht: „Tiwanaku von Außerirdischen geschaffen? Keine Chance, Erich. Die wären bei der Höhenluft schon beim Anflug des prähistorischen, interstellaren Flughafens von La Paz kollabiert. Ja ich weiß, du, mein Erich, willst auch Raumanzüge mit Sauerstoffversorgung auf Wandmalereien in Ägypten gesehen haben."

Schaut man sich aber tatsächlich etwas genauer um, so kann man zumindest erahnen, warum jemand das hier Geschaffene nicht versteht und es dann eben etwas zuschreibt, was wir wenigstens nicht mehr verstehen müssen. Wie Außerirdischen.

Natürlich habe auch ich nicht den Hauch einer Ahnung, wie solche teils superglatten Flächen, tolle

Respekt! Ich konnte kaum laufen!

Ornamente, Masken und haarscharfe, passgenaue Kanten in hartes Gestein vor tausenden von Jahren getrieben wurden. Und da mir Außerirdische so unbekannt sind wie Prä-Inka-Kulturen, hielt ich es wie bei einer Zaubershow. Ich genoss meinen Besuch hier oben so sehr, wie es meine körperliche Verfassung eben zuließ, ohne mir jede Antwort auf jede Frage abzufordern.

TITICACASEE

Es gibt Orte auf der Welt, die muss man schon deswegen besuchen, weil man sich im Geografieunterricht nicht vorstellen konnte, dass es die wirklich gibt. Der „Titicacasee" ist dafür ein exzellentes Beispiel. So wollte ich also zu jenem Ort, den ich schon in der Schule nicht ohne einiges Gelächter aussprechen konnte. Andere Beispiele für solche Orte aus dem Geografie-Gelächter-Atlas sind: Uppsala in Schweden, der Popocatépetl in Mexiko und schlicht jeder Meerbusen. Hihi. Alle aber weit abgeschlagen hinter dem zwei-, drei-, mehrdeutigen Titicacasee.
Und so stellte ich mir vor, an seinem Rand zu stehen und mich für das Schulgelächter zu entschuldigen. Nicht nur, dass er

mit sagenhaften 8.288 Quadratkilometern gleich 15-mal größer als unser stolzer Bodensee ist, er ist auch wunderschön und – auch wie der Bodensee – völkerverbindend. Der größere Teil des Sees gehört zu Peru und der gut 3.300 Quadratmeter große „kleinere“ Teil zu Bolivien. So weit, so imposant. Zudem hatte ich Angst, der Titicacasee könnte sich für das Schulgelächter rächen und die fast 4.000 Höhenmeter zur Herbeiführung eines plötzlichen Herzstillstandes nutzen.
Doch mittlerweile hatte ich mich ein bisschen an die Höhenluft gewöhnt, was bedeutete, ich fühlte mich nur noch 20 anstatt 40 Jahre älter. So würde ich den See gern atemberaubend nennen, doch das war das Letzte, was ich gerade gebrauchen konnte. Er ist wunderschön und seine schiere Größe, mitten auf dem Altiplano, einer Hochebene in den majestätischen Anden, lässt wohl selbst einen erfahrenen Weltreisenden und gelegentlichen Spötter nur innehalten und staunen. Es ist nicht zu belegen, aber es scheint, als würden alle 25 Flüsse, die den Titicacasee nähren, Schönes und Magisches hier oben anschwemmen. Oder aber diese Vorstellung war wieder auf meinen permanenten Sauerstoffmangel zurückzuführen, denn in Wahrheit ist der See leider sehr verschmutzt und bedroht. Und das ebenso erschreckend wie erstaunlich. Wer hätte gedacht, dass hier oben ein See überhaupt derart verschmutzt sein könnte? Dieser See ist das höchstgelegene schiffbare Gewässer der Erde. Hätten Sie jetzt aus dem Stegreif gewusst, dass der See bis zu 281 Meter tief ist und dass es so weit ab von jeglichem Bikini – immerhin herrscht hier eine Wassertemperatur im Jahresschnitt von nur zehn Grad – eine Copacabana-Halbinsel gibt? Sie vielleicht, ich nicht. Mich beeindruckt schon das reine Faktenwissen. Und beeindruckt, das werden Sie auch sein. Vom See und vom einfachen Leben drumherum.
Aber was soll ich Ihnen vormachen? Ich bin nie am Titicacasee gewesen. Nach ein paar Tagen La Paz und meinem Ausflug nach Tiwanaku hatte ich genug von der Höhe. Es ging mir weiterhin nicht gut, und so blieb ich im Hotel, sagte die Reise an den verrücktnamigen See ab und wollte mit dem mir verbliebenen Sauerstoff lieber haushalten. Wirklich, seien Sie sich ganz sicher, ob Sie das durchhalten. Für mich war es zu viel.
Ach übrigens, was den Namen „Titicaca“ betrifft, so ist man sich da auch in Forscherkreisen nicht sicher. Es ist möglich, dass das Wort aus der Sprache Aymara kommt. Dann heißt „titi“ „große Katze“ oder „Puma“ und „kaka“ „grau“. „Grauer Panther“!
Blödsinn!
Ich bleibe bei meiner Unterstufenübersetzung vom Titicacasee. Verrate sie aber nicht.
Hihi!

EIN LOB AUS ARGENTINIEN?

Das größte Kompliment an Bolivien hörte ich ausgerechnet in einer meiner Lieblingsstädte, im argentinischen Buenos Aires. Ich hatte mich gerade aufgemacht, mich in dieser Europäischsten aller südamerikanischen Hauptstädte nach einem Spanischlehrer umzusehen, als ich eine sehr charmante deutsche Lehrerin traf und mit ihr auf ein paar kühle „Patagonia 24.7“ in einer kleinen Bodega saß und ihr mein Anliegen erklärte. Und wie so oft war das Gespräch sehr erhellend. Denn wie heißt es so schön: „Bist du der Klügste im Raum, bist du im falschen Raum!“

Sie jedenfalls fing ausgerechnet in meiner regionalen Lieblingsstadt an, von Bolivien zu schwärmen. Die Menschen seien netter und zuvorkommender, noch ehrlicher und natürlicher und nicht so schrecklich verwestlicht. Und überhaupt, wenn diese Ines die Chance dazu hätte, zurück nach Bolivien zu gehen, wäre sie schon morgen mit ihrer Tochter dort.

Und dann kam das Kompliment, auf das man ja als reisender Deutscher von alleine nie kommen würde: In Bolivien sprechen sie das bessere Spanisch.

Na, was mache ich denn nun mit dieser überraschenden Erkenntnis? Ines jedenfalls riet mir, mein Spanisch in Bolivien und nicht in Argentinien aufzubessern, weil es mir dort mehr bringen würde.

Habe ich nicht. Vielmehr habe ich es kurze Zeit später dank gefundener Weltreiseliebelei über einige Zeit ausgerechnet in Kolumbien und später in Costa Rica verbessert, um dann letztlich Jahre später zurück in Argentinien mit meiner venezolanischen Frau wirklich dran zu arbeiten. Weltenbummlerphänomene. Aber für Sie, die Sie tatsächlich diese schöne Sprache mehr und besser lernen möchten: Auf nach Bolivien! Wenn Sie schon Deutsch eventuell nicht lupenrein sprechen, so könnten

Normales Straßenbild …

Sie ja nun einen Neuversuch im Spanischen unternehmen.
Doch so quasi nebenbei hatte ich von Ines eben noch eine weitere Information zu Bolivien bekommen, die allen Reisenden mit offenem Herzen wichtig sein sollte. Die Bolivianer sind ein angenehmer Menschenschlag. In einem so großen Land, das immerhin dreimal so groß wie Deutschland ist, aber in dem nur elf Millionen Menschen leben, sind die regionalen Unterschiede unter den Menschen natürlich enorm.
Die „Kollas" – die Bewohner des Hochlands – und die „Cambas" – die Kollegen im Flachland – halten sich selbst jeweils für die „besseren" Bolivianer. Man sagt, die Cambas seien offener und warmherziger gegenüber Fremden als die übrigen Bolivianer. Und wie so oft gelten auch in Bolivien die Städter als klüger als die Bauern, und in diesem Fall als die Kollas im Hochland.

Nun, wahrscheinlich werden Sie keine Zeit haben, diesen Disput zu schlichten. Was man aber feststellen kann: Höflichkeit und Nettigkeiten auch Fremden gegenüber gelten als ein Muss im gesellschaftlichen bolivianischen Leben. Glauben Sie mir, das war angenehm spürbar. Ich hatte in meiner ganzen Zeit in Bolivien ausschließlich angenehme Kontakte mit den Menschen. Selbst wenn ich noch ein wenig durch das Spanische stolperte und wir aufs Englische ausweichen mussten, was in Bolivien nun wirklich nicht stetig anzutreffen ist, haben mir die Menschen immer geholfen. Ich habe nachts in

… und Musiker

den Bars und Clubs rumgehangen, habe in kleinen und auch guten Restaurants gegessen. Ich habe Museen und Märkte besucht, und so viel Alltagsleben geatmet, wie es eben für einen Reisenden möglich ist. Und nicht ein einziges Mal hat mich jemand in irgendeiner Form nicht respektiert. Ganz im Gegenteil, alleine die Tatsache, dass ich mich als Europäer aufgemacht habe, um ihr Land zu besuchen, und ich mich dann auch noch sehr offen und locker mit den Menschen unterhalten habe, hat man als eine Ehre angesehen, die es eigentlich für mich war. Und auch hier ist der Unterschied zwischen den Menschen in den jeweiligen Orten und Städten deutlich zu spüren. Während man in Santa Cruz westlicher und geschäftlicher ist und somit auch etwas reservierter und weniger vom Reisenden beeindruckt, so waren die Menschen – zumindest mir gegenüber – in La Paz schüchterner und irgendwie beeindruckter davon, bereist zu werden.

Ich habe also die Menschen in Bolivien als sehr warme und freundliche Menschen kennengelernt, und ja, auch wenn ich Buenos Aires sehr liebe – als viel wärmer und freundlicher als dort.

CHOLITA-GUCKEN

Es hat schon etwas Anachronistisches, wenn einem in diesem nach Moderne bemühten Land zunächst Frauen mit altmodischen Pan-Tau-Melonen über den Weg laufen. Diese Kopfbedeckungen sind sehr typisch für Bolivien und man sieht sie noch sehr viel öfter im Hochland und eben in La Paz als zum Beispiel in Santa Cruz. Unter den Melonen folgt halsabwärts oft eine Schicht dicker Wolldecken und unter denen schlummert noch mehr Kleidung.

Als Cholitas versteht man im Allgemeinen traditionell gekleidete Frauen in Bolivien, Chile und Peru. Jene traditionelle Kleidung der Cholitas besteht aus einem ‚Pollera' genannten Überrock – um gleich mal ein Fremdwort mit einem anderen zu erklären. Zu diesem kommen – Achtung – bis zu zehn Unterröcke, das Schul-

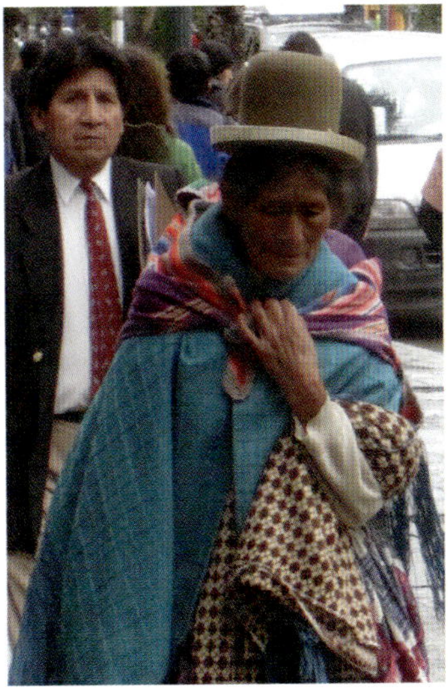

tertuch, gekrönt durch den so typischen Hut. Falls es noch einen weiteren Grund bräuchte, warum sich dieser Look nicht bei uns daheim durchsetzen wird, dann die Tatsache, dass die Trägerinnen durch die vielen Lagen an Kleidung viel rundlicher oder gar übergewichtig wirken, ohne es zwingend sein zu müssen. (Ich frage mich, ob mir persönlich jemand die Ausrede des versteckten Zwiebellooks abnehmen würde.) Der Ausdruck „Cholita“ bezeichnete einst den Typ Frau – und ich zitiere – der „zivilisierten und an die spanische Kultur angepassten Mestizin, also den Nachfahren von Europäischen und indigenen Eltern“. Heute werden vor allem Frauen als Cholita bezeichnet, die zwar indigener Herkunft sind, ihre indigene Tracht aber gegen die Pollera eingetauscht haben. Ja, ich

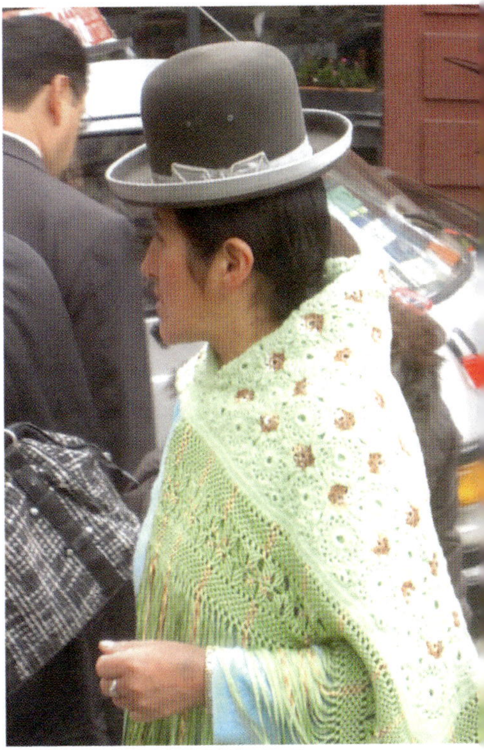

weiß, das kann verwirren. Und da habe ich noch gar nichts darüber geschrieben, wie sich diese in Länge, Stoff und Anzahl der Volants stark nach Region und finanzieller Situation der Trägerin unterscheiden.
Soll ich das ausführen?
Nein? Genug der Rock- und Unterrockkunde?
Gut.
Weiter!
Also fliegen Sie nach Bolivien und staunen Sie über diese Frauen, so lange es noch geht. So sehr, wie ich es liebe, dass zum Beispiel im ultramodernen Tokio besonders am Sonntag viele junge Frauen immer noch und immer wieder gern mit einem klassischen Kimono auf den Straßen unterwegs sind, so sehr berührt es mich, auch in Bolivien Frauen in traditioneller Kleidung zu sehen.
Machen wir uns nichts vor, all das wird in den nächsten Jahren auf dem Altar der Globalisierung und zwischen weltweiten Klamotten-Ketten zunehmend verloren gehen und in 50 Jahren könnte die Welt ein Einheitsbrei sein. Noch ist es in Gegenden wie Bolivien nicht so weit.
Übrigens, diese Frauenhut-Tradition geht auf ein Missverständnis zurück. Ein italienischer Huthersteller hat um 1920 versehentlich eine große Lieferung von Herrenhüten im Melonestil nach Bolivien exportiert. Da sie die Männer aber nicht mochten, begann die Importfirma das Produkt als todschicke italienische Frauenmode zu preisen. Da konnten die Frauen wohl nicht widerstehen und somit begann die bis heute andauernde Tradition.

SANTA CRUZ

In La Paz unter Sauerstoffmangel leidend wurde Santa Cruz die ersehnte Traumstadt. Noch heute habe ich einen Zettel des Hotel-Notizblocks aus La Paz, auf dem steht: „Ach, was bin ich dämlich, nicht nach Santa Cruz geflogen zu sein. Mit den einladenden Bars, dem tropischen Wetter, den modernen und deswegen nicht so stinkenden Autos, den Spielcasinos und den so schönen Frauen. Und vor allem, dem Mehr an Sauerstoff."
Ich hoffe wirklich, Sie vertragen die Höhe besser. Ich jedenfalls habe irgendwann entschieden, aus La Paz zu verschwinden, habe noch nachts einen Flug und ein Hotel gebucht und mich geschlagen von La Paz nach Santa Cruz verabschiedet.
„La Paz, ich habe die ganze Welt bereist, aber du hast mich besiegt! Tschüss!"
Somit hatte Santa Cruz bei meiner Ankunft zwar ganz schön große Erwartungen zu erfüllen,

Mal im Ernst, hier sagt doch alles: Endlich Durchatmen

andererseits war mir die dickere Luft schon Erlebnis genug.

Wer hätte das in Büroalltag und Beziehungsstreit je gedacht, dass man sich mal nach „dicker Luft“ sehnen könnte?!

Santa Cruz liegt also circa 3.000 Meter tiefer als La Paz, es ist tatsächlich im Jahresmittel auch gut zehn Grad wärmer und hat viel mehr mit meinen Vorstellungen von Südamerika zu tun. In Santa Cruz anzukommen war für mich wie eine äußerst dicke Vitaminspritze – um mal im nichtverschreibungspflichtigen Aufputschbereich zu bleiben. Ich habe von einer Minute auf die andere wieder losgelebt.

Nicht nur Höhe und Temperatur unterscheiden sich, es scheinen zwei Städte in zwei Ländern zu sein. Verschwunden ist von einem Moment auf den anderen die historische Kleidung bis hin zur Melone der Cholita, und jeder aktuelle Weltmodetrend fällt ins Auge. Nichts sieht auf den ersten Blick nach den Mühen des Hochlandes aus. Alles hat viel mehr etwas von einer modernen und aufstrebenden Stadt. Und das alles trotz einer Entfernung von nur 550 Kilometern Luftlinie zueinander. 550 Kilometer! 854 Kilometer über Straßen! Das ist, als wären Bayern und Mecklenburger völlig andere Menschen.

LOS CHIFLADOS

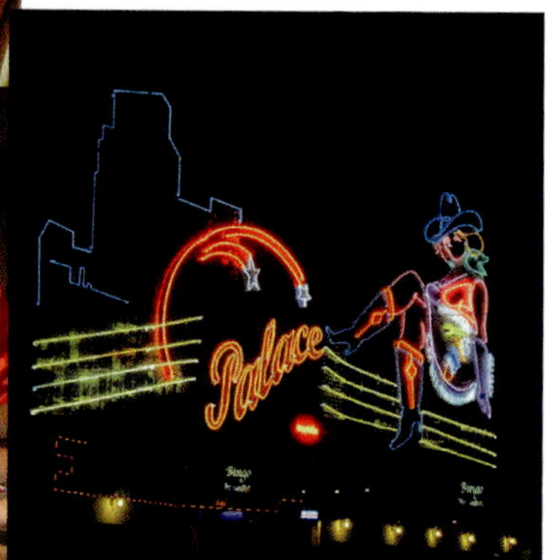
Palace

Moment. Blödes Beispiel.
Na, Sie wissen, was ich meine.
Hier ist die Globalisierung schon angekommen, die sich jetzt noch die restlichen 3.000 Höhenmeter vorankämpfen wird. Die Luft ist nicht nur aus den nun schon oft bemühten Gründen besser, sie ist auch sauberer, weil La Paz da oben auch noch in einem Kessel liegt und dort die ganzen stinkenden Dreckschleudern rumfahren.
Nachdem ich also wieder dem liebgewonnenen Hobby des Atmens nachgehen konnte, habe ich mir die Stadt dann auch in Ruhe angeschaut. Das Fazit zuerst: La Paz ist spannender. Diese architektonisch modernste, wirtschaftlich dynamischste und wohlhabendste Stadt Boliviens rund um den wohl beliebtesten und zentralsten Platz der Stadt, den „Plaza 24 de Septiembre", ist eben nicht von dieser „Andersartigkeit", die La Paz so auszeichnet. Ja, Rathaus, Kathedrale, Restaurants, das Kulturzentrum, Kneipen und Geschäfte sind schön, modern und aber auch irgendwie heimisch. Trotz mehr als 1,9 Millionen Einwohnern – was sie zur größten Stadt Boliviens macht – wirkt die Stadt angenehm kleinstädtisch, auch wenn es mittlerweile ein paar recht aufstrebende Bürotürme gibt. Und die Stadt wächst nicht nur in die Höhe, sondern legt auch um die Hüfte zu. So gibt es neben dem inneren und altstädtischen Ring einen zweiten Ring, der nicht wirklich viel zu bieten hat außer Einkaufszentren und Firmen. Und im dritten Ring befinden sich dann die Häuser der wohlhabenderen Schichten und man kann im Stadtteil „Equipetrol" tolle Perlen der Architektur entdecken. Noch weiter draußen wird es dann ländlich und die Naherholung steht ins Haus.
Sagen wir mal so, wenn La Paz zum Staunen und Entdecken gedacht ist, dann ist Santa Cruz dafür da, runterzukommen und durchzuatmen. In jeder Hinsicht!

EINSCHUB: „KURZES HOTELLOB!"

„Ehrlich, ist das mein Zimmer?", fragte ich, als ich in Santa Cruz eincheckte. Wie schon erwähnt, muss man sich beim Dauerreisen recht streng an Budgets halten, und so habe ich neben einigen schönen Hotels auch einige ziemliche Butzen bewohnt. Hier in Santa Cruz ist dann plötzlich

etwas Sensationelles passiert. Ich buchte ein recht günstiges Zimmer für knapp 40 Euro und stand plötzlich in einer Suite mit rundherum bis an den Boden reichenden Fenstern, hochmodernem Luxus, einem Whirlpool mitten im Zimmer und Blick Richtung Stadt. Es war, als würde mich Santa Cruz über meine gefühlte Nahtoderfahrung in der für mich zu dünnen Luft von La Paz entschädigen wollen. Irgendwie konnte hier vom Hotel „LP Santa Cruz" meine Bolivientour noch mal neu beginnen.

ANGST?

Ich frage mich gerade, ob das nicht ein Kapitel sein könnte, das ich nur einmal schreiben sollte, um es dann in diversen Beschreibungen für Süd- und Mittelamerika zu verwenden. Man bräuchte vielleicht nur ein paar Orte und Plätze auszutauschen. Und auch das nicht immer, denn ein „Plaza de Bolivar" findet sich immer.
Kommt man in das erste dieser Länder jener Region, kann man eventuell ein bisschen darüber

geschockt sein, wie viele bewaffnete Männer man sieht, die einen aber schützen sollen und es auch tun. Und wenn nicht Sie und mich, dann doch zumindest den Geldautomaten hinter ihnen, die Kneipentür, den Strandabschnitt oder was sich sonst noch so als schützenswert herausgestellt zu haben scheint.
Es ist ja so leicht, sich an den schönen Elementen der ja durchaus gesuchten „regionalen Besonderheiten" zu erfreuen. Den offeneren Menschen und Gesichtern, dem besseren Wetter, dem anderen Essen, anderer Musik, anderen Charakteren in anderen Sprachen in anderen Ländern. Doch dies sind Besonderheiten auch anderer Weltregionen. Speziell wird es in Lateinamerika, wenn es um die Sicherheit geht. Da sieht man Sehenswürdigkeiten, die Sie in Japan oder Finnland ganz sicher nicht entdecken. Wie den Mann mit der schusssicheren Weste und der abgesägten Schrotflinte vor einem Geldautomaten der „Banco Nacional" in vielen süd- und besonders mittelamerikanischen Großstädten Ihrer Wahl.
Machen Sie sich nichts vor, daheim bei Ihnen ist es sicherer als hier. Doch anders als bei den Nachbarn von Kolumbien bis Venezuela ist die Kriminalität in Bolivien relativ gering. Also für diese Region. Sie können hier schon beruhigter durchatmen als zum Beispiel auch in Brasilien. Dennoch, wechseln Sie kein Geld auf der Straße, lassen Sie sich nicht von Passanten ablenken und besuchen Sie nicht unachtsam gefährlichere Stadtteile der Großstädte. Tragen Sie immer Ihren Ausweis oder Pass mit sich, da Ausweispflicht herrscht. Fallen Sie nicht auf falsche Polizisten und nichtlizensierte Taxen rein und düsen Sie nicht nachts außerhalb der Städte über die teilweise immer noch schlechten Straßen. Und schauen Sie doch mal auf der Internetseite des Auswärtigen Amtes vorbei, die wissen durchaus Bescheid.
Ich weiß, ich weiß, das kam jetzt ein bisschen gebündelt, aber machen Sie sich auch nicht zu viele Sorgen, normalerweise wird Ihnen nicht mehr passieren als auf einem deutschen Großstadtbahnhof.
Oder wie ich in allen Büchern und bei allen Ländern nicht müde werde zu erwähnen, es gilt Reiseregel Nummer 1: Don't be stupid! – Sei nicht blöd! – No seas estúpido!

BOLIVIEN IN DREI MINI-ANEKDOTEN

Sie wissen ja nun, wie es läuft. Hier die kleinen drei Geschichten, die ich über Bolivien gern erzählen möchte.

MINI-ANEKDOTE 1:
DER BUS

Perfektion im Urlaub ist doch irgendwie langweilig, oder? Ich meine, was verschlägt Sie denn nach Bolivien, wo Sie es doch genauso gut an Ost- und Nordseeküste haben könnten? Eben! So empfehle ich besonders in Ländern Südamerikas, Afrikas und Teilen Asiens etwas, das ich gern „Pannengenuss“ nennen möchte. Haben Sie Spaß daran, wenn etwas nicht wirklich funktioniert. Wenn der andere nicht pünktlich ist oder etwas kaputt geht und dann auch bleibt.

Können Sie das nicht vorübergehend genießen, wird Urlaub für Sie in Bolivien schwierig, und in diversen afrikanischen Staaten sinnlos. Mit dieser Art des „Pannengenusses“ hatte ich auch in La Paz meinen Spaß daran, dass nicht nur einfach ein Bus kaputt ging, sondern dass er ausgerechnet die Aufschrift trug „New voyages of tourism“. Also frei übersetzt „Neue Wege des Tourismus“. Und hinten dran klebten vielleicht sieben Mann und schoben den Bus die recht steile Hauptstraße hoch, als wäre es in La Paz nicht hoch genug. Also wenn das die neuen Wege des Reisens sind, überlege ich mir das vielleicht besser noch mal mit weiteren Weltreisen.

MINI-ANEKDOTE 2:
DAS HERZ

Zwei verliebte Teenager in Santa Cruz.
Sie müssen zugeben, die Geschichte geht schon romantisch los. Na gut, weiter.
Sie, etwas schüchtern, hübsch, auf ihrer Unterlippe rumkauend. Er, mit einem Blick, der sagt: „Ich weiß, ich muss souverän wirken, aber ich habe keine Ahnung, was ich hier tue.“ Und vor ihnen hockt ein Mann mit einer Rolle Draht und fummelt irgendwas.
Ja, der fummelnde Mann tötete auch bei mir die Romantik des Moments. Denn was zum Henker treibt der Kerl da mit seinem Drahtbündel?!
Sie berührt ihn zart an der Schulter. – Also den Jungen, nicht den Drahtfummler. Er schaut sie verliebt an und weiß immer noch nicht genau, was das eigentlich bedeutet. Ist es nicht schön, wie sich die Welt dann doch überall gleicht?!
Ich rücke auf meiner gegenüberliegenden Bank ein wenig zur Seite, um zu sehen, was der Drahtfummler mit Draht fummelt. Denn irgendwie hat er was mit dem Pärchen zu tun und flickt nicht etwa eine Elektroleitung. So viel war schon herauszubekommen.
Plötzlich strahlt sie mehr, weiter, breiter. Und er – Freund, nicht

Draht, nicht Fummler – auch, weil sie es tut.
Der Fummler legt die Drahtrolle weg und wird vom Fummler zum Präsentator. Ein Herz, schön, geschwungen, mit allerlei Zierkram und eingeflochten wohl ihr Name. Aus Draht. Ach Gottchen, wie sie strahlte. Er scheint also den Mädchennamen richtig verdrahtet zu haben. Der angehende Mann zahlt, der Drahtkünstler geht, das Mädchen umarmt und strahlt. In Santa Cruz!

MINI-ANEKDOTE 3:
DAS SCHILD

Ich weiß nicht, ob Ihnen das klar ist, aber wir Deutschen wurden mehrfach zu den beliebtesten Touristen der Welt gekürt. – Sorry, Österreich und Schweiz! – Wir wären leise, freundlich, zuvorkommend und nett. Ich glaube, das muss stimmen. So sind wohl die deutschen Reisenden. Und eben weil all die freundlichen, zuvorkommenden, netten und leisen Deutschen offensichtlich die Welt bereisen, bleiben nur die zuhause, die … na, Sie wissen schon.
Wie auch immer, in Bolivien dürfen wir Deutschen weniger als die englischsprachigen Reisekollegen. Während nämlich auf einem Schild nahe den Glocken der Kirche San Francisco in La Paz in Englisch steht, dass man nicht unbefugt die Glocken läuten darf, steht da in Deutsch, dass man nicht mal „berühren die Glocken" darf. Also ehrlich, ich reise doch nicht so weit, nur um zuzuschauen, wie Engländer und Amis Glocken betatschen!

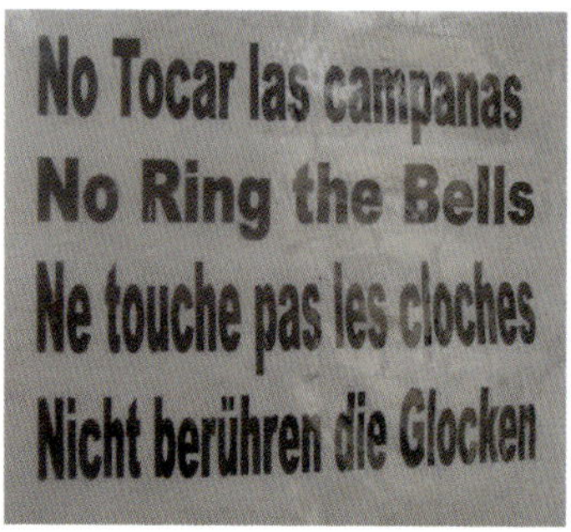

WAS KAUT DENN DA?

In einem meiner kleineren Hotels auf der Tour durch Bolivien stand ich jede Nacht einer Frage gegenüber: „Was kaut denn da?“ Denn irgendwas oder irgendjemand schien sich an einer Stelle des Zimmers durch die Bodendielen zu fressen.

Da ich mal auf der thailändischen Insel Koh Samui ein wirklich unangenehmes Rattenerlebnis hatte, bei dem damals die gar nicht so süßen Nager zunächst auf dem Zwischenboden rumrannten, und nach ein paar Tagen des Gerennes plötzlich mit mir gemeinsam im Zimmer erwachten, bin ich da ein bisschen hellhörig. Oh, Mann, alleine der Gedanke an die Ratten von Samui lässt mich immer noch erschaudern.

Aber was konnte das nur hier in Bolivien sein, was da jede Nacht kratzte, schmatzte, kaute oder sich auch nur rieb? Ein paar Mal ging ich zu der besagten Stelle und trat stark auf, was aber dem wie auch immer zu bezeichnenden Festgelage keinerlei Abbruch tat.

Nun wanderten meine Gedanken von Thailand nach Afrika. Ich hatte mir während meiner Safari-Aufenthalte in Namibia und Botswana eine Regel aufgestellt, die kurz gefasst „Weiterschlafen“ hieß. Denn da krabbelte es jeden Tag im Strohdach. Und da das in den Lodges in der freien Natur einfach nie aufhörte, beschloss ich irgendwo im Okavango-Delta von Botswana, nicht mehr das Licht anzumachen, um nachzusehen, was da ist. Denn was hätte ich nach der Feststellung getan? Die Loge verlassen, um mich draußen der Wildnis hinzugeben? Oder ein vielleicht entdecktes Tier gefangen? – Ja bin ich denn irre? Nee, ich beschloss, dass diese Art Geräusch da sicher auch schon war, bevor ich Kurzzeitgast wurde, und dass man mir von kürzlichen Todesfällen in meinem Bett erzählt hätte. So wollte ich nie wieder einer afrikanischen Raschelei auf den Grund gehen und den Schlaf der Unwissenden schlafen.

Doch was war es hier? Auf Samui lag mein Bungalow am Rand eines Waldgebietes und ich war für fast vier Monate dort ein recht einsamer Gast mitten in der Regenzeit. So hatte die Rattenfamilie gute Gründe, sich in Menschennähe aufzuhalten. Bis sie von den thailändischen Vermietern gefangen und in die Sonne gestellt wurden, bis sie starben. Denn sie direkt zu töten, wäre nicht gut fürs buddhistische Karma gewesen. Nun ja. Und in Afrika ist man oft als Mensch der Eindringling und es kam gerade in Zelt- und Lodge-Anlagen oft vor, dass nachts auch Leoparden oder Elefanten zu hören waren. Doch hier in Bolivien lag mein Hotel in einer Stadt an einer Straße. Keine Wildnis, keine Wälder, keine Ratten im siebten Stock und nicht mal Elefanten auf dem Dach oder Leoparden im Bad. Vermutlich. Was zum Henker knabberte da?

Nach drei Tagen, in denen ich einfach Held genug sein wollte, fragte ich dann doch mal an der Rezeption nach. Und ich lernte sofort etwas Neues dazu: Man kann tatsächlich Holzwürmer fressen hören.

Na dann, guten Appetit und gute Nacht, Bolivien!

ALSO ECHT MAL, CHILE!

Stellen Sie sich mal vor, Sie wachen eines Tages auf und stellen fest: „Ups, ich bin ja ein Binnenstaat!" Und das ausgerechnet in Südamerika, wo Sie doch jeden Tag den Strand sehen wollen. So muss es Bolivien gehen.

Haben Sie sich mal die Weltkarte angesehen? – Klar haben Sie! Sie sind ein Bürger, der verreisen will, Sie haben sich alles angesehen.

Ist Ihnen diese Unfairness nicht auch sofort aufgestoßen? Da haben wir mit Chile ein Land, das 750.000 Quadratkilometer groß ist und sich über ganze 39 Breitengrade erstreckt. Über die damit verbundene Küstenlänge gibt es diverse Angaben. Und da das mein Buch ist, habe ich mich einfach für eine dieser Angaben entschieden, nämlich 6.435 Kilometer. Letztlich ist das ganze Land quasi Küste. Und oben rechts neben diesem Strich von Land liegt der Klecks von Land namens Bolivien, über und vor den Brocken von Ländern Argentinien und Brasilien. Bolivien also, mit über einer Million Quadratkilometern Fläche, aber eine Meeresküste von null (!) Metern! Null! Unfair!

Nur ganz große Optimisten können in Bolivien so eine Art Strandgefühl aufkommen lassen, wenn sie in der bolivianischen

Salztonebene „Salar de Uyuni“ stehen. Weiß, eben, trocken. Aber mit einer Größe von über 10.000 Quadratkilometern nun wieder etwas zu groß, um von da an ein Meer zu kommen, das man auch höchstens dann sieht, wenn man sich dank der Hitze und des Durstes eine veritable Fata Morgana leistet.

Nee, kein Strand, kein Meer weit und breit für Bolivien. Das sollten Sie wissen, bevor Sie die Badehose, den Bikini oder gar die Wasserski und das Tauchzeug einpacken. Was bleibt, sind die Binnenseen, allen voran natürlich der sehr schöne Titicacasee, der aber viel zu kalt ist.

Also wirklich, Chile, da oben, das Stückchen unter Peru, das an Bolivien grenzt, das könntest du doch rausrücken. Da bist du gerade mal um die 170 Kilometer breit.

Das sollte Bolivien mal bei der UN vortragen. Meine Unterstützung hätten sie. Und als Nächstes finden wir einen Meereszugang für Paraguay!

DARF ICH VORSTELLEN, S. B.

An dieser Stelle möchte ich Ihnen einen ständigen Reisebegleiter von Ihnen vorstellen. Das Gute an ihm, er wird Sie auch über die Landesgrenzen von Bolivien durch Lateinamerika begleiten. Er ist recht firm auch in anderen Ländern der Region wie Venezuela, Kolumbien, Panama, Ecuador und Peru. Schön an ihm ist auch, dass Sie ihn ganz leicht finden. Irgendwie führt jeder Weg zu ihm.

Das Schlechte an ihm ist, er ist seit 1830 tot.

Zugegeben ein auf den ersten Blick gravierender Nachteil für einen Reisebegleiter. Dafür quatscht er aber auch nicht immer dazwischen, hält nicht vor jedem Schuhladen oder jeder Bar und ist auch sonst recht pflegeleicht und kostengünstig. Und der

Da isser ja wieder

größte Vorteil an einem toten Reisebegleiter: Er erwartet nix von Ihnen und Sie werden niemals die nervende Frage hören: „Schatz, was machen wir heute?"!

Dieser stolze Mann heißt Simón José Antonio de la Santísima Trinidad Bolívar Palacios y Blanco! Oder kurz Simon Bolivar.

Der gebürtige Venezolaner war es, der die südamerikanische Unabhängigkeitsbewegung gegen die Kolonialmacht Spanien in vielen Ländern anführte und 1818 aus Venezuela, Kolumbien, Ecuador, Panama und Teilen Perus und Guyana den Staat Großkolumbien gründete. Diese Idee überlebte ihren Schöpfer aber nur knapp, als Simon Bolivar 1830 starb.

Heute ist er Ihnen deswegen ein guter Reisebegleiter, weil immer was los ist, wo sein Name draufsteht. In allen Ländern hier oben in Südamerika sind in vielen Städten die zentralen Plätze nach ihm benannt. Also suchen Sie Bolivar!

Übrigens, natürlich ist die Namensverwandtschaft mit Bolivien kein Zufall. Denn Bolivien wurde ihm zu Ehren, also nach Simon Bolivar benannt. Und auch die Währungen Bolivar in Bolivien und Venezuela, was je nach Umtauschkurs mal mehr und mal weniger eine Ehre für den Mann ist.

Was bin ich froh, dass nach der deutschen Wiedervereinigung keiner auf die Idee kam, Ostdeutschland nach Helmut Kohl zu benennen.

BOLIVIEN KANN AUCH KARNEVAL

Karneval in Köln ist toll. Also für Kölner. Karneval in Rio ist großartig. Also für alle. Karneval in Bolivien ist … anders. Aber durchaus darf man sagen: Sie können Karneval! Besonders lohnt es sich, in der Karnevalszeit nach Oruro zu fahren. Der Karneval beginnt am Samstag vor Rosenmontag und dauert drei Tage.

Da die Straßen von Bolivien mitunter über den Ideen-Status nicht hinausgekommen sind und vermeintlich fertiggestellte Straßen auch nichts mit den gewohnten deutschen Asphaltträumen zu tun haben, beginnt das Abenteuer also schon vorher. Vielleicht gehen Sie davor ja in La Paz noch auf den sogenannten Hexenmarkt und kaufen sich Glücksbringer für die Fahrt. Schaden kann es nicht.

Haben Sie dann die gut 220 Kilometer von La Paz nach Oruro geschafft, befinden Sie sich in der Heimat der legendären Teufelstänzer und DER Karnevalsmetropole Boliviens. Es sind eben jene Teufelstänzer, die dafür sorgten, dass der Karneval von Bolivien über seine Grenzen

hinaus bekannt wurde und nun auch Teil des Weltkulturerbes ist. Wie bei jedem Straßenkarneval, so gibt es auch in der bolivianischen Version einen Zug durch die Straßen. Und eben dieser Zug wird von den reich geschmückten Teufelstänzern angeführt.
Geschichtlich, so heißt es, war dieser Teufelstanz, lange bevor er zur Karnevalstradition wurde, ein Beschwörungszeremoniell der Indigenen, das den bösen Berggeist besänftigen sollte. Schließlich galt und gilt dieser als der Hüter der Bodenschätze, und so war das mit Sicherheit jemand, mit dem man sich nicht anlegen wollte. Und so tanzte man ihn schließlich an. Charmant!
Mit dem Einzug der Spanier in Bolivien kamen noch christliche Mythen und die Figur des Teufels hinzu. Aus dieser wahrlich spannenden Mischung heraus sind dann diese Teufelstänzer mit ihren Beschwörungstänzen hervorgegangen. So bildet sich ein bunter Zug mit fantasievollen Kostümen, die an verschiedene Epochen und Figuren erinnern sollen.
Der Höhepunkt ist erreicht, wenn der Teufel seine Mannen gegen das Gute führt und es zum tanzenden Showdown kommt. Ich will ja nicht zu viel verraten, aber bis jetzt hat immer das Gute gewonnen und das Böse musste sich immer tanzend vom bolivianischen Acker machen.
Übrigens, der zweite Tag, also der Sonntag, ist „Dios Momo" gewidmet, dem Gott des Spaßes. Ein Feiertag, der nach weltweiter Einführung schreit!
Wenn Sie Lust auf den Karneval in Oruro haben, sollten Sie schon sehr lange vorher ein Hotel buchen, denn in dieser Zeit ist alles in der Stadt ausgebucht, was nach einem Bett aussieht. Wer weder Rio noch Köln erwartet, wird eine spannende Erinnerung aus Oruro mitbringen.

BOLIVIEN KANN AUCH ABENTEUER

Wenn es Ihnen nicht genug Abenteuer ist, zu versuchen, in Bolivien Auto zu fahren und in La Paz zu atmen, können Sie freilich noch mehr erleben, was das Adrenalin in unnormale Höhen treibt. Wenn es denn sein muss. Durch die Höhenluft von La Paz zu joggen, wäre doch mal ein Anfang. Reicht nicht? Na, ich würde davon ohnehin abraten.

Mal überlegen, wovon könnte jemand träumen, der sich ein Abenteuer in Bolivien vorstellt?

Wie wäre es mit der legendären „Ruta de la muerte“ – der Todesstraße? Die angeblich gefährlichste Straße der Welt führt schmal und im suboptimalen Zustand immer nah am Abhang und dem wahrscheinlichen Tod Richtung Coroico. Sie startet in La Cumbre auf 4.600 Metern Höhe und ist mittlerweile bei wagemutigen Mountainbikern sehr beliebt, weil sie sich 66 Kilometer einfach rollen lassen können. Ich halte das für Schwachsinn, aber was weiß ich schon.

Oder wie wäre es mit Eisklettern? Oder ausgedehnten Dschungeltouren? Trecking auf den Inka-Pfaden? Segeln auf dem Titicacasee?

Sie könnten auch eine Eisenbahnfahrt nach Uyuni zur größten und höchstgelegenen Salzwüste der Welt unternehmen. Und sich dabei mal fragen, wie hier oben ein prähistorisches Meer sein konnte, dessen Hinterlassenschaft diese Salzpfanne nun ist.

Doch bitte bereiten Sie sich auf eine solche Tour gründlich vor und unterschätzen Sie nicht, welche körperlichen Belastungen auf Sie zukommen. Sie befinden sich schließlich auf über 3.600 Metern Höhe und das Wasser hat sich hier nicht ohne Grund aus dem Staub gemacht und einen salzigen Nachgeschmack hinterlassen. Sie benötigen eine starke Sonnencreme, eine Sonnenbrille, eine Kopfbedeckung und natürlich ausreichend Wasser. Ehrlich, das Wasser ist hier seit 40.000 Jahren weg, das kommt nicht einfach wieder, nur weil der feine Herr Tourist zu dürsten beginnt. Nachts herrschen gern Temperaturen von bis zu zehn Grad unter Null. Also packen Sie auch warme Kleidung ein. Wenn ich ehrlich bin, diese Tour kann man nur hartgesottenen Naturliebhabern empfehlen. Oder anders, sie ist kein wirklich gutes Geschenk zu Tante Helenes Siebzigstem.

Belohnt werden Sie oder die rüstige Tante Helene allerdings mit großartigen landschaftlichen Erlebnissen und solch kuriosen Sehenswürdigkeiten wie dem Salz-Hotel „Luna salada“ in Uyuni, das tatsächlich komplett aus Salz gebaut ist.

Aber es erwarten Sie auch tolle Lagunen, heiße Quellen und die „Salvador-Dali-Wüste“ in 4.400 Metern Höhe, die angeblich an

die surrealen Farben und Gebilde des Künstlers erinnern.
Wenn Sie sich fit genug für eine solche Tour fühlen, sollte sie Ihnen Abenteuer genug sein. Und Sie bringen unglaubliche Erlebnisse, Selbsterfahrungen und Fotos mit nach Hause.
Und hoffentlich auch Tante Helene. La viejita santa y buena. (Na, was hieß das noch mal?)

DAUMENDRUCK FÜR BOLIVIEN

Was immer Sie gerade tun, wir alle legen kurz alles weg, was wir in der Hand haben und drücken alle zusammen ganz fest beide Daumen für Bolivien!
Okay?
Okay!
Bolivien hat gerade in den vergangenen Jahren einen großen Zuwachs bezüglich des Tourismus vorzuweisen und der ist auch nötig. Die Industrie ist in Bolivien wenig ausgeprägt und so soll und kann der Tourismus immer mehr zu einem wichtigen Wirtschaftszweig werden.
Na, Sie fliegen ja nun schon mal hin.
Nicht?
Doch!
Am meisten besuchen die Touristen La Paz, den Titicacasee und die Salzpfanne Salar de Uyuni. Tun Sie das auch und genießen Sie ein Land, das zumindest in Teilen noch wirklich „anders" ist als das, was Sie schon kennen. Auch oft anders als das weitere Südamerika.
Die Menschen in Bolivien haben mich trotz all ihrer Probleme so freundlich aufgenommen, dass ich, mit Ihnen zusammen, wirklich nur einen doppelten Daumendruck nach Bolivien senden kann, dass sich mehr Menschen dieses spannende Land ansehen werden.

Danke, Bolivien!

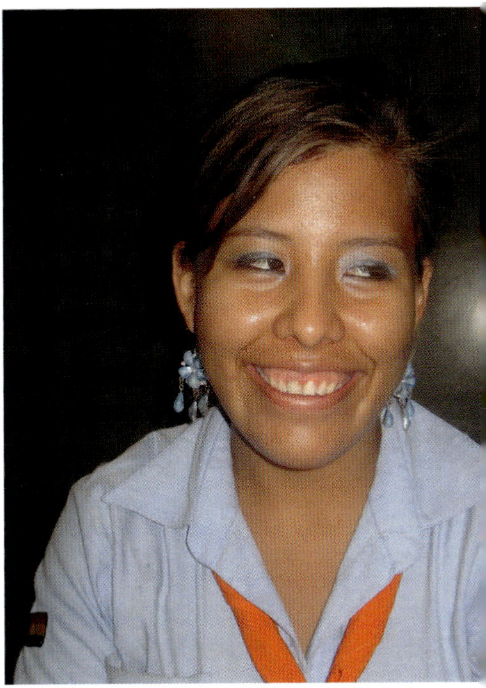

MEIN AUSFLUG NACH CHILE

WARUM SO KURZ?

Liebe Freunde Chiles. Und gleich auch noch liebe Freunde Perus, Uruguays und Paraguays. Geht mir bitte nicht auf die Nerven! Wenn ihr jetzt enttäuscht werdet, nur weil diese Länder bei mir so sehr viel kürzer vorkommen als Brasilien, Argentinien und sogar Bolivien, tut es mir leid. Irgendwie. Aber wenn man ein Weltenbummler ist, ist man nicht in jedem Land gleich lange. Eigentlich ist man in gar keinem Land lange genug. Als Reisender ist man immer ein Oberflächenkratzer. Und je eher man das einsieht, desto besser für alle. Ich habe fast in jedem Land beim Abschied zwei Dinge gehört: „Du warst viel zu kurz hier und hast viel zu wenig gesehen!" Und: „Was willst du denn dort? Hier ist es viel schöner!" Also!

Ich bin sehr glücklich, den wundervollen Ländern Peru, Chile, Uruguay und Paraguay einen oder ein paar mehr kurze Besuche abgestattet zu haben. Es ist nicht einmal so, dass es mir zum Beispiel in Bolivien besser gefallen hätte als in den vier Kurzbesuchten, doch hatte ich über Bolivien mehr zu erzählen, will keine Geschichten erfinden und schon mal gar nicht abschreiben, was in jedem ollen Reiseführer steht. Hinzu kommt, da ich mich ja mit den Besonderheiten der Menschen und der Kulturen und weniger mit Reisetipps und Sehenswürdigkeiten beschäftige, dass sich hier nach den vorherigen drei Ländern einfach viel wiederholen würde. Und erneut: Geht mir bitte nicht auf die Nerven! Nur weil euch Peru viel besser gefällt als Argentinien. Oder nur Chile das „wahre Südamerika" ist. Alles Quark. Ich mochte es hier und ich komme wieder.

So denn, auf zu meinen Ausflügen.

Und nicht vergessen: Selber reisen und mir bitte nicht auf die Nerven gehen!

DER ANFLUG ZÄHLT

Chile hatte sich was ganz Besonderes ausgedacht, um meine Ankunft unvergesslich werden zu lassen. Es ließ mich über die verschneiten Anden einfliegen. Das war sicherlich organisatorisch besonders aufwendig, hat sich aber gelohnt. Denn ich kam nicht umhin, schon im Flugzeug Chile ein paar Extrapunkte zu vergeben. Der Anblick ist wirklich atemberaubend. Meine Vorfreude stieg demzufolge extrem an.
Chile zu besuchen, heißt auch, erst einmal fast zwangsläufig Santiago de Chile zu besuchen. Chile ist ein Land, das zwar sehr schmal ist, dessen Nord-Süd-Ausdehnung aber über mehr als 39 Breitengrade verläuft und das 4.300 Kilometer lang ist. Es ist also sehr unpraktisch zu bereisen. Und kommt man mit dem Flugzeug, landet man im Normalfall in Santiago. Die Hauptstadt liegt etwas oberhalb der Mitte des langen Landes und ist in jeder Hinsicht ein guter Startpunkt für einen Chile-Trip.
Der Name „Chile“ soll übrigens aus der Sprache der Aymara stammen. Das dortige Ursprungswort würde also „chilli“ heißen, was bedeutet: „Das Ende der Welt“.

Der Weg ist das Ziel!

Willkommen!
oder tschüss?

BERGIGE ERSTEINDRÜCKE

Als ich in Santiago de Chile gelandet war und mich zum ersten Mal umsah, fielen mir zwei Sachen sofort auf: Es war kein Mensch unterwegs und die Stadt wurde erdrückt. Punkt eins lag wohl daran, dass ich am Feiertag Peter und Paul gelandet war und ich später ganz Santiago in der Kirche und bei einer Prozession treffen sollte. Punkt zwei lag natürlich an den Anden. Egal, wo man sich in der Stadt aufhält, überall sind die Anden mehr als deutlich zu sehen und zu spüren. Die bis zu 5.000 Meter hohen Berge, welche die Stadt umgeben, scheinen sowohl die

Stadt als auch den Reisenden in die Arme zu nehmen und zu beschützen. Sie drücken und pressen die Stadt, sie erheben sich über alles Menschliche, stehen da würdevoll, schützend und beängstigend. Sie sind einfach allgegenwärtig.

Es ist zu einer Art Ritual geworden, in einer Stadt, die ich auf meinen Weltreisen zum ersten Mal besuche, den Koffer – also mein Leben seit Jahren – soweit nötig auszupacken, aus dem fremden Hotelzimmer mein Zimmer zu machen, zu duschen, bequeme Schuhe anzuziehen und zunächst ohne Stadtplan, Karten und jede Art von mich führen wollenden Büchern, Apps oder dergleichen einfach loszutraben. Als meine Reisen begannen, verging zwischen Hotelankunft und erstem Abmarsch noch gern eine Stunde. Nun ist das in 15 Minuten erledigt.

Ungelogen, mein erster Spaziergang durch Santiago de Chile ließ mich die Berge rund herum kaum aus den Augen lassen. Es würde mich nicht wundern, wenn ich in anderen Augen ein bisschen ferngesteuert und flipperkugelgleich gewirkt habe, weil ich weder Gebäude noch Menschen noch Sehenswürdigkeiten wahrnahm, sondern stur auf die Berge stierte. Ich war wirklich fasziniert. Ich denke, eine solche Begegnung hatte ich weltweit auch nicht wieder. Natürlich liegen viele Städte vor einem bergigen Hintergrund. Doch sehr oft nur auf einer oder zwei Seiten. In La Paz waren sie nicht dauerhaft so wirkungsvoll und imposant wie hier. Oder man wird dann doch von anderem abgelenkt wie in Nepal. Hier in Santiago de Chile hatte ich also nur einen Blick für die Berge. Bestimmt habe ich somit auch viele Einheimische angerempelt.

So richtig klar wurde mir die Faszination dieser Kulisse rund um die Stadt übrigens ein paar Monate später erneut. Ich zeigte ein paar Interessierten auf meinem Laptop irgendwo in der Karibik Fotos dieser Stadt. Und irgendjemand sagte, er fände die Wolkenbildung im Hintergrund interessant. Und kurz bevor ich eifrig zustimmen wollte, schaute ich noch mal genauer hin. Das waren keine Wolken. Zu sehen waren in den Schichten von unten nach oben: Ein bisschen Stadt, dunkle Felswände und eine weiße Schicht Schnee auf deren Kuppen quer über das Bild. Das war nicht nur beeindruckend, sondern auch witzig, weil ich nun das Phänomen Schnee mitten in der Karibik zum Thema machen durfte.

Nun bin ich kein Bergmensch, doch weiß ich, dass die Anden für viele ein besonderes Reiseziel sind. Als Nichtbergsteiger werde ich also nicht mal versuchen, den Bergenthusiasten unter Ihnen halbgare Tipps zu geben. Außer vielleicht einen. Bevor Sie sich auf die Tour in die Berge machen, genießen Sie aus Santiago den Blick hinauf. Vielleicht macht er Sie dann auch ehrfürchtig genug, damit Sie auf den teils schwierigen Touren schlicht keine waghalsige Scheiße bauen.
(„Waghalsige Scheiße bauen“ ist doch ein Fachterminus der Bergsteiger, oder?)

GEHT WEG!

Etwas anderes ist in Santiago de Chile beinahe genauso allgegenwärtig, und ja, auch ein bisschen so beängstigend wie die Anden: Pantomime. Ich habe auf der ganzen Welt noch nicht so viele nichts-sagende Künstler gesehen wie hier. Es ist, als würde

man aufpassen müssen, wo man hintritt, um auf keines dieser kleinen, possierlichen Pantomimentierchen zu treten.
Straßenkünstler sind mir schon viele auf meiner Reise begegnet, aber nie war ich so überrascht. Ich fand es logisch, dass in Las Vegas Straßenzauberer rumstanden. Ich fand es logisch, dass in Buenos Aires Tangomusiker und Tangotänzerinnen ihre Kunst zeigten. Ich fand es logisch, in Lima Panflöte zu hören und in Südafrika afrikanische Tänze zu sehen und wundervolle afrikanische Musik zu hören. Aber wieso gibt es nur so viele Pantomimen in Santiago de Chile?
War das in einem abgeschlossenen Land die sicherste Weise, miteinander zu kommunizieren? Vielleicht gar in unschuldiges Weiß getunkt den Aufstand zu planen? Und wie würde wohl eine Revolution aussehen, die nicht nur von Pantomimen „besprochen“, sondern auch angezettelt würde? Und müssten die sich beim Sturm auf den Regierungssitz die ganze Zeit an unsichtbaren Seilen entlanghangeln und sich an imaginären Fensterscheiben langtasten? Und kämen die mit ihrer kaum wahrnehmbaren Laufgeschwindigkeit überhaupt dort an, bevor der verhasste Herrscher versterben würde?
Nein, alles Blödsinn. Offensichtlich setzen bei mir Pantomimen durch das Fehlen von Sprachinformationen bis dahin ungenutzte Synapsen unter Strom.
Ich habe also nicht herausbekommen, woher die Pantomimenschwemme kam. Vermutlich hat einer von denen damit angefangen, es war ein Erfolg und die anderen zogen nach. Wie wohl Mund-zu-Mund-Propaganda unter Pantomimen funktioniert?
Jedenfalls sitzen und stehen sie überall rum mit ihren weißen Gesichtern und sagen nichts. Mit diesen Freunden würde ich meine Spanischkenntnisse also schon mal nicht vertiefen können. Nee, lieber stehen sie umher und rufen lautlos ins Volk und ziehen sowohl störrische als auch unsichtbare Hunde von Traumzauberbäumen weg. Nur eben ohne Volk, Worte, Hunde und Bäume. Ich muss direkt mal nachschauen, ob es eine Pantomimenweltmeisterschaft gibt und ob da die Chilenen immer vorn sind.
Einer von diesen meist dümmlich dreinschauenden Weißkopfmenschen ging mir dann auch gehörig auf die Nerven. Er äffte mich nach, stolzierte hinter mir her, machte hinter meinem Rücken zum mäßig amüsierten Publikum Faxen und rief eigentlich stumm danach, eine geschallert zu bekommen. Was ich freilich nicht tat. Ich wüsste gar nicht, wie ich die weiße Schminke wieder von den Händen bekommen sollte. Irgendwann sagte ich etwas auf Spanisch zu ihm, was mich ganz offensichtlich sofort als fremdsprachigen Touristen outete. Nun versuchte er pantomimisch, meine Herkunft zu erraten. Ziemlich fett bedeutete wohl USA. Wilde

Gesten Italien. Dudelsack ganz Großbritannien. Und eine Art Tanz mit verschränkten Armen Russland. Da sich nun Publikum angesammelt hatte und ich – oh, Mann, wie ich das gerade bereute – ja ständig dazu aufrufe, mit Einheimischen ins Gespräch zu kommen, ohne je darüber nachgedacht zu haben, was ich tun sollte, wenn besagtes Gespräch schwer nonverbal war, antwortete ich abschlägig auf jede seiner Schätzungen. Und dann hatte er endlich auch eine deutsche Entsprechung gefunden. Nun wäre ich gern Ami, Brite, Italiener oder Russe gewesen. Denn diese Geste war nur bis vor gut 70 Jahren das deutsche Erkennungszeichen. Da konnte ich nun schlecht „Si" sagen. Nicht auszudenken, wie sein Marsch weitergegangen wäre. Er zuckte mit den Schultern und ich sollte nun wohl sagen, woher ich komme. Ich sagte „Montenegro" und schaute ihn erwartungsvoll an. Tja, für dieses schöne Land im Balkan gibt es wohl kein Zeichen. Und als ich mit den offensichtlich internationalen Gesten für „etwas begriffsstutzig" antwortete, hatte ich die Lacher auf meiner Seite.

Ehrlich, er schaute nun so traurig aus dem dicken Make-up heraus, dass ich dachte, gleich kleine Rinnsale zu sehen, die sich den Weg durch die weiße Schminke bahnen würden.

Gewonnen!

CAFÉ MIT BEINEN

Ganz unschuldig lief ich in ein Café hinein, das ich auf Anhieb nicht verstand. Es hatte einen extrem langen Tresen, der in Kurven durch den ganzen Laden führte und an dem ausschließlich Männer standen.

Es gab tatsächlich nur Kaffee zu trinken und für Herstellung und Darreichung standen hinter besagtem Kurventresen, der mich ein bisschen an meine alte Autorennbahn unterm Weihnachtsbaum erinnerte, zwei Frauen, die auffällig waren, da sie extrem kurze Röcke trugen. Ich nahm es erst einmal nur hin. Ich stand also pantomimenstill rum, schlürfte und schaute. Die Männer waren mehrheitlich in ihre Tassen und Zeitungen und weit weniger in die Bedienungen vertieft. Und auch wenn ich den Eindruck hatte, dass die beiden Damen schon ein bisschen, wie sage ich es charmant, ... also ihre Teenagerzeiten in Fotoalben nachschlagen mussten, hätte ich mich nicht gewundert, wenn die Damen ob der sehr kurzen Röcke mehr Aufmerksamkeit bekommen hätten. Aber keiner sprach sie an, keiner flirtete und keiner machte sich an den Beinen, sagen wir mal, „fernäuglich" zu schaffen. Ich musste einen anderen Gast fragen, da ich mich nicht wagte, die Kellnerinnen auf ihre winzigen Gewänder oder gar auf ihre Beine anzusprechen. Doch welchen der Kaffeeschlürfer konnte ich ansprechen? Einer mit einem dicken Schnauzbart schlief wohl trotz Espresso gerade fast über den Wirtschaftsdaten Chiles ein, die über den lautlosen Bildschirm flimmerten. Ein anderer war wesentlich jünger und trank Americano, während er sich ganz offensichtlich durch den Sportteil seiner Zeitung fluchte und ihm sein Frust über irgendwelche Sportenttäuschungen keinen Gedanken an die Kellnerinnen ließ. An einer weiteren Kurve der Café-Version eines deutschen Autobahnkreuzes stand jemand, den ich für einen Banker hielt, der weder las noch schaute noch sichtbar irgendwas anderes tat und irgendwie aufgegeben wirkte. Ich war weit und breit der einzige leicht auszumachende Tourist und entsprechend verwirrt. Was zum Kuckuck war das hier? Schließlich fragte ich meinen Nachbarn – kurz hinter einer anderen Tresenausfahrt –, der so angestrengt in seine Kaffeetasse stierte, als wollte er durch Milch und Kaffee hindurchschauen, welche Porzellanbude ihr Zeichen auf der Unterseite der Tasse hinterlassen hatte. In meinem Halbspanisch und bemüht touristisch-ahnungslos stotterte ich ihm entgegen, was das denn für ein Café sei. Gut, es hieß „Café Hawaii", doch da ich erst kürzlich auf Hawaii gewesen war, wusste ich, dass es hier nicht besonders

hawaiianisch aussah. Er antwortete mir kurz: „Café con piernas". Aha, na warte, es musste ja herauszubekommen sein, was das bedeutet. „Café" könnte „Café" sein. Ach nee. „Con" ist wie in „Chilli con carne" ein „mit". Doch was war gleich noch mal das „piernas" zum Kaffee? Milch? Zucker? Löffel? Süßstoff? Heißwasser? Alkohol diverser Arten? Nee. Da schlug es zu, mein stetig wachsendes und irgendwie selbstlernendes Spanisch auf Reisen. Beine! Piernas sind Beine. Also ist das ein Café mit Beinen. Na, schau an. Da schlummerte ja eine gewisse Logik.
Wie ich noch im Beinecafé erfuhr, ist das eine typisch chilenische Spezialität, zu der sich die

Männer einfinden, um zu Kaffee und Zeitung Beine zu genießen. Es soll sogar Läden geben, in denen die Frauen dann auch mal gänzlich blank ziehen und komplett nackt sind. Spätestens dann würde es also wirklich „Café con carne" heißen. Doch ich war ganz froh, dass dies hier nicht so war. Lo siento Señoras, aber da war weniger wohl mehr.

HÜGEL & CO.

Ich hatte Lust auf Heiliges und besuchte Cerro Santa Lucia.
Dies ist der kleine Hügel – „Cerro" –, an dem Santiago am 12. Februar 1541 von Pedro de Valdívia unter dem Namen „Santiago del Nuevo Extremo" gegründet wurde. Der Name sollte an die spanische Wallfahrtsstadt Santiago de Compostela erinnern. Sie wissen schon, jener Ort, zu dem man sich möglichst zu Fuß und möglichst mit Pilgerabsicht begibt. Hier in Chile ist es auch ein Ort, an dem einem mal wieder das Relative bewusst wird. Man hat zwar vom Hügel eine schöne Aussicht auf die Stadt. Aber ich bin mir albern vorgekommen, eine innerstädtische Erhebung hochzulaufen, da man sich oben angekommen mit Blick auf die Anden vorkommt wie eine Ameise, die vor einem Hochhaus den Fußabtreter erobert hat. Die „Fußmatte" ist in diesem Fall 69 Meter hoch und keine nennenswerte alpine Leistung, doch ein wirklich hübscher Ausflug. Mit seiner kleinen Kapelle, diversen Brunnen und schönen Spazierwegen ist dies ein netter, kleiner Park. Mittags donnert hier traditionell auch eine Kanone ins Nichts. So ließ ich mich

weiter durch die Stadt treiben und war durchaus bereit, schwer touristisch die für mich in dieser Funktion ausgemachten Ziele zu besuchen. Und da ich schon dabei war, schaute ich noch beim Cerro-„Hügel“, Sie wissen schon – San Christóbal vorbei. Er ist immerhin schon 880 Meter hoch – 300 Meter über seiner eigenen Grundfläche – und demzufolge kann man zwar auch ihn zu Fuß erreichen, aber auch ein Auto nehmen. Oder sich von einer Standseilbahn oder der – und ich liebe dieses Wort – Kleinkabinenumlaufluftseilbahn hochbringen lassen. Oben auf dem nun dem Hügelsein entwachsenen Teil der Anden warten dann auch ein Amphitheater und eine immerhin 22 Meter große Statue der Jungfrau Maria auf Sie. Und wem beide Hügel an Höhe zum einen nicht reichen und zum anderen zu heilig sind, der kann nun auf den total unheiligen „Sky Constenera“ gehen. Dieses Hochhaus – das in der Stadt aussieht wie das einzige lange Haar einer steinernen Glatze – nennt sich der höchste Aussichtspunkt von ganz Lateinamerika und leuchtet nachts, als wäre das ganze Ding auf einem wilden LSD-Trip. Besagter 300 Meter-Aussichtspunkt lässt Sie – nun ja – gut Aussicht halten.

Besser gefallen haben mir die kleinen – beinfreien – Cafés und die Catedral Metropolitana de Santiago. Selbstverständlich wird es noch schöner, sobald Sie

die Stadt etwas verlassen, eine Weintour unternehmen oder sich an den Füßen der Anden auf die Natur einlassen. Kurz gesagt, ich habe mich bei meinen mehreren, aber leider immer zu kurzen Aufenthalten in Santiago de Chile extrem wohl gefühlt.

KUNSTGUCKBEFEHL!

Jeder weitere Tag in dieser Stadt brachte noch einiges Interessantes hervor und ich kann nicht verhehlen, mich ein bisschen in die Stadt verliebt zu haben. Sie hat mich sehr überrascht, weil ich auch gar nicht so genau wusste, was mich hier erwarten würde. Ich werde ja nicht müde, Reisenden dazu zu raten, in Rotlichtviertel, Kneipen, Casinos, heimische Küchen und Kunstmuseen zu gehen. Da ich finde, man lernt an diesen Orten am meisten über das Selbstverständnis eines jeden Landes. Soweit ich das entdecken konnte, gab es in Santiago keine Spielcasinos. In anderen Orten, besonders direkt an der Küste, gibt es wohl einige. Auch mit Rotlichtvierteln wird es schwierig, da Prostitution zwar erlaubt ist, Bordelle sind es allerdings nicht. In heimische Küchen habe ich es nicht geschafft, aber die Kneipen luden mich ein, tatsächlich viel mit den Chilenen ins Gespräch zu kommen. Ich will ja niemanden neidisch machen, aber es ist immer gut, in fußballverrückten Ländern Deutscher zu sein. Und in Chile hilft es zum Gesprächsbeginn eben auch, Ossi zu sein. So hatte ich meinen Spaß, nie auch nur ein leises Problem, nie ein unsicheres Gefühl und habe so mit den Chilenen und sogar mit Chileninnen viel geredet, getrunken, gegessen und mich über das Land unterhalten. Kaum waren wir mit dem Thema Fußball durch.

Wirklich, wenn Sie in ganz Lateinamerika ins Gespräch kommen wollen, lernen Sie in jedem Fall etwas zumindest über den deutschen Fußball. Man weiß hier ganz genau Bescheid. Ach, und etwas über die DDR zu lernen, kann auch nie schaden.

Und dann war wieder einmal eine Nationalgalerie daran beteiligt, dass ich etwas mehr vom Land verstehen sollte.

Wie ich schon in Argentinien schrieb, sind da die Museen das sicherste Zeichen der absolut unterschiedlichen Entwicklungen dieser zwei Länder. Dort ein weltoffenes Einwandererland voller Mitbringsel. Hier ein abgeschlossenes Land des Sozialismus von Salvador Allende und der Junta von Ernesto Pinochet. Ein gebeuteltes Land, das im eigenen Saft schmorte und auch noch viele Beschränkungen in der Kunst hatte. Und in meinen Augen – ich sage das ungern – hat das abgeschlossene Land gewonnen. Ich war fasziniert von den mir total unbekannten chilenischen Künstlern. Ich kann es Ihnen nur wärmstens ans Herz legen, gucken Sie Kunst in Chile. Ein Museumsführer sagte zum Thema Kunst in einem abgeschlossenen System, halb in der Art nordkoreanischen Staatsoptimismus und halb mit echtem Stolz auf kleine Blütenträume zu mir: „Die Kunst entsteht schließlich in den Köpfen und nicht in den Schuhen."

Na guck.

OSSI, OBST, BACH UND POP

Ich will kein Augenrollen bei den Wessis sehen, aber ich muss es noch einmal erwähnen: Der Ossi ist hier beliebter. Und ja, ich habe manch Wessi gerade gehört, wie er „Na wenigstens da" gemurmelt hat.

Es ist aber ein Fakt – wenn auch ein verblassender –, dass man hier nicht vergessen hat, was die DDR ja tatsächlich auch mal für diesen Staat getan hat. Das hatte ich bisher nur in Vietnam und Mosambik so erlebt und – so viel sei verraten – das ist mir auf der ganzen Tour, einschließlich Russ-

land und Kuba, nie wieder begegnet. Auch wenn es in Nicaragua nah dran war. Und diese Vergangenheit treibt manchmal kuriose Blüten. Auf der Straße Miraflores stand ich plötzlich vor einem Haus mit einem großen Wappen, das mir bekannt vorkam. Es war mehr der Unglaube als die Unkenntnis, der mich das Wappen nicht gleich richtig einordnen ließ. Dann streiften meine Augen – ja, manchmal tun die beiden so etwas einfach – nach oben und erblickten oberhalb des güldenen Wappens noch einen ebenfalls güldenen und riesigen Schriftzug, der da hieß: „Haus Dresden“. So war mir nun auch klar, dass ich das erblickte Wappen durch die eben umherschweifenden Augen richtig eingeordnet hatte. Man hatte mir als Dresdner extra ein Haus hingestellt.

Etwas später besuchte ich auch die fantastische Markthalle „Mercado Central“. Ich war noch gar nicht richtig drinnen angekommen, als ein Mann vor mir stand, der ganz offensichtlich gehört hatte, dass ich Deutscher bin. Sofort sprach er mich auch auf Deutsch an. Wir begannen eine sehr nette Unterhaltung, in der ich auch sagte, dass ich in Dresden geboren wurde und lange in Leipzig lebte. Da brachen bei ihm alle Dämme. Ich dachte, ich muss mir jetzt irgendwelche postsozialistischen Lobesarien auf den einstigen Bruder in Europa anhören. Ich hätte ihm ungern gesagt, dass ich nie ein Fan der DDR war. Gerade weil ich daher komme. Aber nein. Er stand mit seinen 1,60 Metern durchgedrückt vor mir und sagte mir mit stolzer und gut 60-jähriger Stimme: „Ich bin ein Bach-Fanatiker!“ Er kam über den Komponisten, der in Leipzig Thomaskantor war

und starb, so ins Schwärmen, dass er Deutschland und besonders Dresden und Leipzig unendlich in den Himmel hob. Ich war seit Jahren auf Reise um die Welt und irgendwie immer auch ein bisschen auf der Flucht vor der Heimat, und dennoch kam ich nicht umhin, mich vor Stolz auf die Heimat auch gleich mit aufzublähen. Dieser Mann, Alonso, war extra nach Leipzig gereist, nur um im Gewandhaus Bach zu hören. Um die Wirkungsstätten Bachs zu erkunden und dann auch noch in Dresden die Frauenkirche zu besuchen und auch hier Bach zu erleben. Der Mann hatte Tränen in den Augen, als er von Bach sprach, von Leipzig und von Dresden. Er bat mich hektisch zu seinem Obststand, drückte den Knopf seines Kassettenrecorders und sofort erschallte Bach durch die Markthalle. Es war unfasslich, ehrlich, emotional. Wunderschön einfach. Alonso sprach und schwärmte über meine Heimat, dass ich beinahe auch Tränen in den Augen gehabt hätte, so unendlich weit weg von dort.

Danke. Bach, du Genie! Denn nachdem in meinem inoffiziellen Ranking der weltweit gehörten Musik aus Deutschland wie erwähnt Boney M., Modern Talking, Sandra, Scorpions, Rammstein und ein bisschen Tokio Hotel vorkamen, freute ich mich, mal auf andere Musik der Heimat angesprochen zu werden. Denn selbstverständlich sind die ewigen Genies um Beethoven, Mozart und Bach so sehr zur Weltkultur geworden, dass auch sie ein stetiger Soundtrack des Reisens sind, aber nicht mehr explizit als deutsch wahrgenommen werden. Sie laufen mehr unter „Ach ja, stimmt ja, deutsch“. Und selbst wenn ich mit dem „Wohltemperierten Klavier“ von Bach nicht sehr viel anfangen kann, so nahm ich den klingenden Bach in „Mercado Central“ als Alternative zur ewig singenden Bohlen-Farian-Meine-Kulisse mehr als dankbar auf.

Alonso freilich hatte von den anderen Top 6 noch nie gehört.

DER BRIEF

Ich gebe es zu, manchmal habe ich ein bisschen eine Macke. Vielleicht kommt das davon, dass man beim Reisen über Jahre fast ständig alleine ist und sich auch in seiner Gedankenwelt verliert. Vielleicht hat aber die Chance auf den Genuss einer ewigen Weltreise meine Hybris geweckt, sodass ich mich als Reisender und Erkundender fühlte, als könne ich nun alles erreichen und jeden treffen. Doch vor einigen Jahren wollte ich bei einem Besuch Chiles in Santiago eine Person noch besuchen. Margot Honecker. Die Witwe von Erich Honecker und ehemalige „Ministerin für Volksbildung“ der DDR lebte seit ihrer Flucht 1990 nicht nur in Chile, sondern auch in Santiago. Luis Corvalán, der frühere Generalsekretär der KP Chile, hatte ihr geholfen und so lebte sie nun weitgehend unbeachtet in Chile. Ich hatte drei mögliche Adressen von ihr und schrieb ihr schon vor Monaten von Kanada aus drei gleich lautende Briefe an diese Adressen. Zum einen hätte ich sie gern für meine damalige Fernsehreihe „Wir sind überall“ interviewt, in der ich ausgewanderte Ossis vorstellte. Zum anderen war mein Vater O. F. in der DDR ein sehr bekannter Conférencier – wie man damals noch mit angemessener Achtung sagte – und war letztlich wegen ein paar nicht staatskonformer Äußerungen bei der TV-Eröffnung des neuen Friedrichstadtpalastes in Berlin gestürzt. Da er wenig später auch verstarb, haben weder meine Familie noch die Öffentlichkeit je erfahren, was damals wirklich geschehen ist und wer Schuld zumindest an seinem Sturz hatte. Margot Honecker schien mir einer der letzten möglichen Antwortgeber einer sterbenden Funktionärsgeneration zu sein. Ich musste es einfach versuchen. Und egal, was herauskommen würde, eine Geschichte wäre es auf jeden Fall. Und auch wenn das sehr persönlich ist und Ihnen bei den Reisegedanken an Chile kaum helfen wird, möchte ich Sie teilhaben lassen. (Selbst wenn Margot für Sie nun kein Ausflugsziel mehr sein kann.) Ich hatte wenig Hoffnung, dass es ausgerechnet mir gelingen würde, mit ihr zu sprechen, doch kurz bevor ich in Chile ankam, erreichte mich eine E-Mail. Absender: Roberto Yáñez, der Enkel von Erich und Margot Honecker. Mit ganzem Namen Roberto Yáñez Betancourt y Honecker. Heute Kunstmaler, Dichter und Songwriter. Genau so kam die Mail bei mir an:

Sehr geehrter Herr Weidling,
Frau Honecker bat mich, Ihnen mitzuteilen, dass sie sich bedankt fuer Ihren Brief und das Angebot fuer ein Gespraech. Mit Ihnen. Es tut ihr leid, aber auch fuer Unterhaltungssendungen mit „Unterhaltern mit Haltung" steht sie nicht zur Verfuegung. Besonders bedauert sie, dass sie Ihnen zu den Problemen, die Ihren Vater angingen, nichts sagen kann, Sie wuessten darueber wahrscheinlich mehr als sie.
Mit freundlichen Gruessen

Die Absage hat mich natürlich nicht überrascht und vielleicht wusste sie über die Vorgänge um meinen Vater wirklich nicht viel,

aber ich hätte die Chance, noch einmal einen Zeitzeugen zu treffen, gern genutzt.
Sagen wir es einmal anders. Ich habe viele Deutsche in der ganzen Welt getroffen, die glücklich in einem neuen Land wurden. Margot Honecker ist nach Chile abgehauen/ausgereist/ausgewandert und mittlerweile ebenfalls verstorben. Ich hätte also auch mit ihr, wie mit den vielen anderen Ausgewanderten rund um die Erde, gesprochen. Wer weiß, vielleicht kann das nun mein Vater doch direkt tun.

WAS ZU SEHEN UND ERLEBEN BLIEBE!

Viel, ich weiß. Und ich komme ja auch wieder.
Doch haken wir mal fix noch ein paar Punkte und Tipps ab, die mir andere Reisende gegeben haben. Allen voran, nach Chile Ausgewanderte.
Chile hat eine Nord-Süd-Ausdehnung von 4.300 Kilometern. Wie wäre es also mal mit einer ausgiebigen Radtour? Da sind auch ein paar Hügel für die Bildung einer veritablen Wadenmuskulatur dabei. Für Anfänger kann es aber auch erst einmal von Ost nach West gehen. Da sind es maximal 200 Kilometer Ausdehnung. Wer hat sich nur diese Landesform ausgedacht? Doch auf diesem Strich von einem Land gibt es viel zu entdecken. Und davor auch. Denn schließlich zählen auch die Osterinseln, einige andere Inseln – inklusive der Robinson-Crusoe-Insel – und ein Teil der Antarktis zum Staatsgebiet. Und da zum Beispiel die Osterinseln – Sie wissen schon, riesige Köpfe – gut 3.500 Kilometer vor Chile liegen und die Antarktis mehrheitlich schneebedeckt ist, können Sie nach der ausgedehnten Radtour gleich noch ein bisschen paddeln und skifahren. Einsames Ausruhen ist dann auf der Insel von Robinson Crusoe beinahe garantiert.
Das hilft Ihnen jetzt gar nicht weiter, oder?
Ein Land dieser Ausdehnung hat natürlich viele wundervolle und sehr unterschiedliche Landschaften zu bieten. Wenn ich schon schrieb, ich wollte immer mal den Titicacasee sehen, wie sehr kann und muss es einen dann erst nach Feuerland ziehen? Übrigens der typische Ausgangspunkt für eine Tour in die Antarktis. Der „Campo de Hielo Sur“ gehört teilweise zu Argentinien und teilweise zu Chile und ist der größte Gletscher Südamerikas. Zudem auch ein Eingang zur kargen aber durchaus beeindruckenden Landschaft Patagoniens. Im Norden wiederum beeindruckt einen besonders die Atacamawüste. Und für

die besagten Nationalparks Chiles – immerhin aktuell 43 Stück – gibt es gleich mal eine eigene Wikipedia-Seite.
Wo also anfangen? Beim Essen! Von der „Arrollado huaso" – einer Schweine-Roulade – über die Meeresaal-Suppe „Caldillo de congrio" – der sogar Pablo Neruda ein Gedicht widmete –, die traditionellen Fleisch-Pastetchen „Empanadas de pino" bis hin zu den „Humitas" – gedämpfter Maisbrei in Maisblättern –, dem gedünsteten Rindfleisch „Plateada" und der sehr nahrhaften Suppe „Valdiviano" ist die chilenische Küche ein wahrer Genuss.
Man feiert alle christlichen Feiertage wie bei uns und zudem das für die Chilenen wichtige Musikfestival in Viña del Mar im Februar.
Und in Arica – der nördlichsten Stadt Chiles – wird sogar Karneval gefeiert. Es heißt, er könne zwar nicht mit dem Karneval in Brasilien und Bolivien mithalten, aber beim „Carnaval Andino con la Fuerza del Sol" – also dem Andenkarneval mit der Kraft der Sonne – bebt die Stadt vor lauter Musik und jeder tanzt und singt.
Was bleibt, ist die Frage nach den Stränden. Ganz im Ernst, wenn einen weltweit schon Länder mit Stränden verwöhnen, die nur von der Küstenlänge Chiles träumen können, wie sehr muss einen da nicht erst Chile mit Stränden verwöhnen? Na, schauen wir doch mal nach.
Machen wir es kurz. Es gibt sie. In Weiß und Schwarz und – na ja – Sandfarben. Sie sind teilweise traumhaft, über das ganze Land verstreut. Besonders beliebte Strände gibt es in und bei Vina del mar, einsame auf der kleinen Insel Mocha, schwarze im kleinen Fischerdorf Niebla, atemberaubende in Tongoy und viele mehr.
Meinen persönlichen Favoriten möchte ich Ihnen nicht vorenthalten. „Bahia Inglesia" – die „Englische Bucht" – ist ein sehr kleiner Ort südlich von Caldera. Und das Besondere daran ist, dass es somit in der Region Atacama liegt. Der Wüstenhintergrund, der für Chile ungewöhnlich feine, weiße Sand und das kristallklare Wasser bringen die Karibik mitten in die Wüste.
Wie gesagt, ich komme mit Sicherheit wieder.

WELTENBUMMLERSTERNE

WICHTIG & CO.

Sie werden an einer aktuellen Einschätzung des Reiseziels kurz vor Reiseantritt nicht vorbeikommen. Aber ich halte 90 Prozent der deutschen Reisesorgen für nicht begründet oder zumindest überbewertet. Aber wenn die Deutschen pro Reise im Durchschnitt 36 Stunden im Internet recherchieren, kommen sie eben auf solche sorgenvollen Ergebnisse. Wenn in einem Land nichts passiert, hört man nichts davon, denn dieses „Nichts" ist keine Nachricht. In den allermeisten Ländern dieser Erde ist dieses „Nichts" aber Alltag, ist Normalität, und ist vor allem ein Grund, das Land zu besuchen und sich nicht vor einer Reise dahin zu sorgen. Ich werde versuchen, Ihnen ein bisschen die Sorgen insofern zu nehmen, als dass ich diese Länder nach meinen Erfahrungen für Sie bewerte. Zugegeben, ich bin immer allein gereist und gehöre zur wohl privilegiertesten Art von Reisenden überhaupt: männlich, weiß, kräftig, mittelalt und aus Mitteleuropa. Leider spielt das eine Rolle, und ich bin aufgrund dieser Privilegien überall sehr gut durchgekommen. Aber man darf nicht vergessen, dass zum Beispiel in vielen Ländern Homosexuelle und andere Angehörige der LGBTQ-Community nach wie vor unterdrückt und verfolgt werden. Ich versuche das hier bei „Toleranz" zu bewerten, aber verstehe sehr gut, wenn Sie es ablehnen, in ein noch so schönes Land zu reisen, weil die Rechte der Frauen, der LGBTQ-Community, Andersdenkender, Menschen unterschiedlicher Hautfarben, Religionen und andere Gruppen eingeschränkt sind.

Und dann schauen wir hier noch, wie leicht es ist, ein Visum zu bekommen, ob man im Vorfeld besondere Gesundheitsvorsorgen treffen muss und wie die ärztliche Versorgung (zumindest in den großen Städten) dieser Länder ist.

Und bitte keine sofortige deutsche Panik bei weniger als vier Sternen! Wenn hier ein Land „nur" drei Sicherheitssterne hat, bedeutet das nicht, das Land sei unsicher. Denn ich vergleiche alle Länder mit dem ganz besonders sicherem 5-Sterne-Deutschland. Ich persönlich halte drei Sicherheitssterne für sicher genug, um nicht naiv, aber doch entspannt reisen zu können. Und selbst zwei Sicherheitssterne bedeuteten innerhalb der normalen Urlaubsumgebungen eine hinreichende Sicherheit. Da allerdings würde ich an Ihrer Stelle schon nicht mehr allein und schon gar nichts nachts unterwegs sein.

Die GPI-Sterne sind dann die Bewertungen der Länder von offizieller Stelle. Der GPI – der „Global Peace Index" – ist der Versuch der Friedensforschung, die Friedfertigkeit von Nationen und Regionen anhand eines relativen Vergleiches darzustellen. Erstellt 2020. Meine Sterne habe ich bezüglich des GPI wie folgt vergeben: GPI-Platz

1–40 5★, GPI-Platz 41–70 4★, GPI-Platz 71–90 3★, GPI-Platz 91–120 2★, GPI-Platz 121–140 1★, GPI-Platz 140–163 0★. Erfasst wurden 163 Länder von Island auf Platz 1 bis Afghanistan auf Platz 163. Ach, und Deutschland steht auf Platz 16, die Schweiz auf 10 und Österreich auf 4. Was die Schweiz und Österreich zu verfluchten Strebern macht.

Weltenbummlersterne	Visum	Impfung & Co	Ärzte & Co.	Sicherheit	Klima	Toleranz	GPI
Brasilien	5★	3★	4★	2★	5★	5★	2★
Argentinien	5★	4★	5★	4★	4★	5★	4★
Bolivien	5★	2★	2★	4★	3★	4★	3★
Chile	5★	4★	4★	4★	4★	5★	5★
Peru	5★	3★	4★	3★	3★	4★	3★
Uruguay	5★	4★	3★	4★	4★	5★	5★
Paraguay	5★	3★	2★	3★	4★	4★	4★

Bemerkungen Erstaunlich oder? Sieht doch gar nicht so schlecht und gefährlich aus. Und gerade in den touristischen Gebieten ist es auch fast immer recht sicher. Auch in Brasilien.

Quellen u. a.:
https://www.auswaertiges-amt.de/de/ReiseUndSicherheit/reise-und-sicherheitshinweise
https://de.wikipedia.org/wiki/Global_Peace_Index
https://de.wikipedia.org/wiki/Gesetze_zur_Homosexualität
https://www.laenderdaten.de/gesundheit/medizinische_versorgung.aspx
Selber reisen und gucken

PERU IN REISEBEKANNT-SCHAFTEN

SCHANDE AUF MEIN HAUPT!

Wenn es um Peru geht, mache ich das Land – solange es dabei um MEIN bereistes Peru geht – an ein paar wenigen Menschen fest.

Doch zunächst: Was zum Henker bin ich nur für ein schlechter Weltreisender?! Wie konnte ich es wagen, Peru so zu beleidigen?

Wozu werden nur die vielen ewig gleichen Reiseführer dank „Copy & Paste“ verfasst, wenn ich nicht tue, was ich in Peru zu tun angehalten bin? Es gleicht einer Majestätsbeleidigung, ist ein Frevel und eben besagte Schande auf meinem Haupt. Ja, ich war nicht – noch mal in Großbuchstaben, um die Hauptschande auch besonders deutlich zu machen –, NICHT auf dem Machu Picchu.

Ich gebe Ihnen nun gern ein paar Minuten Zeit, sich von diesem Schock zu erholen. Gegebenenfalls auch gleich alle Peru-Seiten aus dem Buch zu reißen und wütende Kommentare zu posten, wohin Sie auch immer mögen.

…

Genug?

Gut.

Machu was? Stattdessen Historisches in Lima gucken.

Doch ich habe einen wirklich guten Grund, warum ich nicht auf dem Machu Picchu war. Jenem 2.430 Meter hohen Berg mit der so wunderbar erhaltenen Inkastadt, die man sich als Peru-Reisender ansehen muss! Ich habe diese terrassenförmige Stadt, die angeblich um 1450 auf Befehl des damaligen Inkaherrschers erbaut wurde, die 216 steinerne Bauten und 3.000 Stufen hat und in seiner Hochblüte 1.000 Menschen beherbergte, aus dem besten aller Gründe nicht besucht. Ich habe nicht die 50 entdeckten Grabstätten gesehen. Ich habe dem Fakt keine Rechnung getragen, dass die UNESCO Machu Picchu schon 1983 in die Liste des Weltkulturerbes aufgenommen hat. Ich habe auch nicht der Tatsache gehuldigt, dass Machu Picchu in die Liste der „Sieben

Er wundert sich auch über mich

neuen Weltwunder" aufgenommen wurde. Ich war keiner der täglich circa 2.000 Besucher – was die Blütezeit mit 1.000 ständigen Bewohnern ja nun etwas lächerlich aussehen lässt. Ich habe also nicht die Bahnlinie von Cusco nach Aguas Calientes am Fuße des Berges genommen und mich dann nicht die letzten acht Kilometer mit dem Bus die Serpentinen nach oben fahren lassen. Und durfte so weder die schöne Aussicht genießen noch das sehen, was die anderen 1.999 Touristen an dem Tag meines angedachten Besuchs gesehen haben. So habe ich dort auch nicht in dem empfehlenswerten Hotel „Sanctuary Lodge" übernachtet, um auch noch den Sonnenuntergang und/oder Sonnenaufgang zu bewundern. Aber ich hatte, wie gesagt, den besten aller Gründe dazu.
Ich hatte einfach überhaupt keine Lust dazu.

Keine Lust, mich einzureihen.
Keine Lust auf Treppen und Höhe.
Null!

Doch machen Sie ruhig. Man hört viel Gutes darüber. Auch wenn ich nicht glaube, dass Machu Picchu auch nur einen zusätzlichen Besucher braucht. Und mal am Rande, im Umkreis von Machu Picchu gibt es weitere, kleinere und auch nur teilweise ausgegrabene Inka-Stätten wie Choquequirao oder Ollantaytambo. Nicht so pompös, nicht so berühmt, nicht so eindrucksvoll, aber historisch auch interessant und bei Weitem nicht so überlaufen.
Quasi als Flachlandalternative für Kraxelunwillige habe ich mir in Lima lieber das prähistorische Gebäude „Huaca Pucllana" angesehen. Auch alt, auch beeindruckend, auch kurios. Inklusive Menschenattrappen, denen man beim theoretischen Bauen zuschauen kann. Alles zu schaffen, komplett ohne aus der Puste zu kommen. Clever, oder?
Kommentarvorschlag: „Nicht zum Machu Picchu! Gibt's ja gar nicht! Ein Weltenbummler? – Am Arsch! Der soll sich mal einen richtigen Job suchen! Wer hat das eigentlich alles bezahlt?!"

DER FEINE HERR HUMBOLDT

Als ich Lima in Peru erreichte, war ich etwas erkältet. Dafür konnte freilich Peru nichts, aber ich konnte dem Land den durch eine Erkältung etwas getrübten Blick aufs Land und auf Lima auch nicht ersparen. Eingefangen hatte ich sie mir sicherlich in Bolivien oder spätestens in Chile. Ja, die Mitbewerber um Touristen kämpfen offensichtlich mit allen Mitteln. Ländermobbing!

Ich hing also ein bisschen in den Seilen und spürte wie schon zuvor einmal, dass so eine Weltreise auch durchaus anstrengend sein kann. Ich war nicht richtig krank, sondern eher erschöpft und somit anfällig für ein bisschen Niesen und Husten. Jetzt wäre das ja alles auch eine Chance für Peru gewesen,

mich mit auserlesenem Wetter zu empfangen und mich sogleich glücklich und niesfrei werden zu lassen. Aber nee, was tut Peru? – Liegt einfach am Humboldtstrom. Oder im Humboldtstrom. Nun hatte ich nicht nur schon viele Deutsche in aller Welt getroffen, ich traf auch überall auf deren Hinterlassenschaften. Meist gute. Doch dieser Humboldtstrom ist nichts Angenehmes, wie ich fand. Die nach dem Naturforscher Alexander von Humboldt benannte kalte Meeresströmung verläuft an der Küste von Südamerika und fließt von der Antarktis parallel zu den Anden. Dadurch sind die durchschnittlichen Wassertemperaturen sieben bis acht Grad niedriger als im freien Ozean der gleichen Breite. Und das wirkt sich natürlich auch auf

das Wetter in der Region aus, zu der man durchaus Lima zählen muss. Da ich nicht das Glück hatte, dass El Niño auftrat, um wärmend zu helfen, war es eben ungemütlich in Lima. Oder nennen wir es Schnupfenwetter. Das Komische in Lima ist auch, dass es nicht so richtig regnete, wenn es regnete. Man sagt zwar, es sei Regen, aber es nieselte nur so undefiniert. Also na ja, vielleicht hätte ich das, wäre ich schnupfenfrei, ja charmant oder so gefunden, aber so war es einfach nur unangenehm.
So denn, packen Sie sich ein Jäckchen ein!

EIN MANFRED

Als wäre ich eine Frau, habe ich mich von meiner Männererkältung nicht unterkriegen lassen und bin losgezogen, wann immer ich konnte. Ich habe mir in Lima alles angesehen, was man als Durchreisender in dieser Stadt sehen sollte. Also wieder Museen, die Küste, Restaurants, eine Kneipenstraße und so weiter. Nett. Doch so richtig wollte der Funke nicht überspringen. Alleine mit Stadtbesichtigungen und Kneipenbesuchen nebst Tresengesprächen kam ich hier nicht so richtig weiter. Es wollte sich einfach kein „Heimatgefühl" einstellen. Ja, noch nicht einmal ein Gefühl des Verständnisses für diese Stadt, welches man bei anderen Städten sofort bekommt. Also ging ich dazu über, konsequent Menschen kennenlernen zu wollen. Und das gelang mir gut. Denn wohin ich auch kam, ich traf auf offene Ohren und auf freundliche Menschen. Nicht so offen, dass ich immer die echten Namen verwenden durfte oder gar Fotos schießen, aber immerhin. So lernte ich mit – nennen wir ihn mal – Manfred einen deut-

Nein, das ist er nicht!

schen Auswanderer kennen, der in der Heimat einfach die Schnauze voll hatte, weg wollte und ging. Er war mit einem Unternehmen in Deutschland pleite gegangen, fühlte sich von Bank und Finanzamt verarscht und hängen gelassen. Seine Frau hatte ihn verlassen und er stand vor dem Nichts. Da hat sich dieser Ingenieur, der immerhin schon über 50 Jahre alt war, aufgemacht und laut in den Himmel seiner Heimatstadt geschrien – Achtung, Zitat: „Leck mich am Arsch!!!!“ Es können auch noch mehr Ausrufungszeichen gewesen sein, aber als er es mir erzählte, klang es nach vier. Dann ging er zunächst nach Brasilien und schließlich blieb er in Peru hängen. Ein interessanter Mann, der hier nun nicht gerade den Himmel auf Erden gefunden hat und immer noch ein bisschen rumkrebst, aber zufriedener mit sich und seinem Leben ist, als er das in seiner „Leck-mich-am-Arsch!!!!“-Heimat war.

Wann immer ich in der Welt Deutsche traf, haben sie mir ihr neues Land mit den blumigsten Worten vorgestellt und nichts unversucht gelassen, es zu loben. Manfred war eher wie der „Regen“ im Humboldtstrom. Weder dicker Tropfen noch Trockenheit. Und so verstand ich auch die ganze Stadt und das ganze Land. Lima ist die nach Kairo zweitgrößte Stadt, die in eine Wüste gebaut wurde, so braucht man das ewige Geniesel zwar, hat aber nie richtigen Regen. So funktionierte auch Manfred und deswegen war er hier richtig. Ich nicht. Ich wollte dicke Tropfen sehen. Lima und Manfred aber sind eben nieselig. Man will vorwärtskommen, aber nicht hektisch. Man ist zufrieden, aber nicht glücklich. Man beschwert sich, ist aber nicht unglücklich. Man fühlt sich hier wohl, könnte aber morgen wieder weggehen. Das war Lima für mich.

Manfred hat mir natürlich alles gezeigt, was man sich in Lima ansehen muss. Die „Plaza mayor", sonntags um zehn Uhr einen Wachwechsel vor dem Regierungspalast, das alte Zentrum von Miraflores „Parque Kennedy" und immer wieder alles rund um den Küstenabschnitt „Costa Verde", an dem es wirklich schön ist.

Das war alles sehr hübsch und nett, aber nicht beeindruckend. Und seit meinen Tagen in Lima habe ich ein besonderes Adjektiv für diese Art halbgaren Daseins: Nieselig. Lima ist nieselig.

BEEINDRUCKENDE EVA

Doch da tauchte Eva auf. Schon wieder eine Frau, die meine Reise beeinflusste. Neben für einen Weltenbummler zwangsläufig auftauchenden Sexabenteuern hatten sich immer wieder interessante und kluge Frauen als meine wichtigsten Ratgeber erwiesen und gehörigen Einfluss auf mich und die Tour ausgeübt. Erst kürzlich Estelle in Los Angeles und Julieta in Buenos Aires. Bald Señora Solanas in Montevideo und Gianinna in Asunción. Und hier nun Eva in Lima. Eva war und ist durch und durch Peruanerin, sieht jünger aus, als es ihr Pass sagt, ist sehr charmant und offen, aber auch streng und stolz. Und Eva weiß, wie es weitergeht. Eigentlich war es schon der Abschiedsabend, ich saß mit meinem „Deutschland-kann-mich-mal!!!!-Manfred" in einer Bar und wir tranken Pisco Sour, was man nun wirklich und unbedingt in Peru tun muss. Da kam ich mit Eva ins Gespräch. Denn Eva war Manfreds Fels in der Brandung in der fremden Stadt. Sie schaute mich die ganze Zeit konzentriert an und verriet mir dann ein paar Geheimnisse. Über mich.

Es war schon wieder beeindruckend und beängstigend.

Sie wusste, wo meine Probleme lagen, ließ sich auch nicht davon abbringen, dass meine ganze Reise nicht zu Erkundungszwecken und nicht für Bücher gedacht war. Sondern sie bestand darauf, dass ich unterwegs war, weil ich vor mir selber flüchten wollte. Weil ich das schmerzliche Ende einer wichtigen Liebe nicht

verdaut hatte. Weil ich immer noch an der Frau hing, obwohl ich mich selbst nicht als Verlassener fühlte. Was war denn jetzt los? Sollte mich jetzt das Wahrheitsserum von Lima erwischen? Und wusste der Kollege Weltenbummler Humboldt, dass sein Strom so etwas mitführte? Ich auf der Flucht vor der Ex? Sicher, sie hatte mich verlassen und lebte nun bei einem anderen Mann, der mir über Jahre nur als ein Freund erklärt wurde. Sicher, sie hatte damit mein ganzes Lebenskonzept über den Haufen geworfen und auch ein paar Träume beendet, die ich schon hatte, bevor ich sie kannte. Aber ich war nicht unglücklich mit der Trennung, da feststand, dass wir beide es nicht zusammen schaffen würden. Doch sie war weit weg. In jeder Hinsicht. Und ich gefiel mir ausgesprochen gut in meiner neuen Rolle als Weltenbummler und unabhängigem Typen, der die Welt umfährt, Frauen kennenlernt, sich verliebt und entliebt und so ganz und gar selbstständiger Mann sein darf. Mich begeisterten eigentlich unentwegt besonders die Frauen in Asien, Afrika und Südamerika in jeglicher Hinsicht so sehr, dass besagte deutsche Ex bis heute in meinem Handy aus gutem Grund nur noch als „LdV“ abgespeichert ist. Als „Letzter deutscher Versuch“. Aber nun saß da plötzlich Eva im peruanischen Lima und sagt: „No!“ Ich sei auf der Flucht. Oh mein Gott, die Frau kann doch nicht einfach so meine ganze Reise infrage stellen.
Zum Glück sagte sie auch, dass

ich auf einem guten Weg sei und dass ich alles richtig machen würde. Nur eben, dass ich mir selbst das Motiv verschweige. Ich war auf Weltreise, um eine Trennung zu verdauen? Ich glaube nicht an Selbsterkennungstouren. Aufhören! Als mein erster Schock verflogen war, wollte ich dann mehr wissen. Sie schaute mich tief an, sah meine Hände und erzählte mir dann einiges über mein Verhältnis zum übermächtigen Vater, meine Sehnsucht nach Familie, meinen Freiheitsdrang, meine Ängste und Wünsche. Mir wurde schlecht. Meine Reise sollte um die Welt und nicht zwingend in andere Welten gehen. Es war wohl zu spät dafür. In Südamerika ist man sehr oft mehr als nur anfällig für alles Okkulte, jeden Aberglauben und alles Spirituelle. Und nun war ich mittendrin und kam irgendwie nicht weg. Als sie das sah, brach sie ab.

Ich atmete durch.

Dann fragte sie mich, ob sie mir die Karten legen sollte, doch ich hatte genug gehört für einen Tag. Überhaupt hatte ich in Lima genug gehört. Es war, als wären nur meine Ohren und nicht meine Augen in Lima gewesen. Zum Schluss bekam ich von Eva noch drei Dinge mit auf den Weg. Erstens: Ich hätte Silvester neue rote Unterwäsche zu tragen und möglichst eine Wand in meiner Wohnung rot zu streichen, weil mir das die Liebe bringen würde. Zweitens: Dass ich in drei Jahren verheiratet bin, dann drei Kinder haben werde und dass meine Buchreihe ein Erfolg wird, weil ich Peru besucht habe und da „das Gute getankt habe". Und drittens wusste sie nun auch, wie ich mein Problem mit der Ex-Freundin bewältigen könnte. Und dabei würde sie mir auch gleich gern helfen wollen. Wenn ich mir nicht sicher sein würde, was ich zu tun hätte, sollte ich mich in einen gänzlich stillen Raum zurückziehen und eine weiße Kerze anzünden. Ich sollte alle Vor- und Nachteile von mir, meiner Ex und uns auf einen Zettel schreiben. Und dann sollte ich über die weiße Kerze meinen verstorbenen Vater anrufen, weil er mein geistiger Führer sei. Ich sollte offen dafür sein, dass mir die Kerze, oder besser mein Vater und Führer durch die Kerze sagen würde, was zu tun wäre.

Ich gebe es unumwunden zu, davor hatte ich so richtig Angst. Denn was, wenn tatsächlich etwas dabei passieren würde? Nicht nur, dass ich vielleicht am Ende meine Ex zurücknehmen müsste, nur weil eine dämliche Kerze spinnt. Sondern ich musste, wenn etwas geschehen würde, mich mit dem Gedanken auseinandersetzen, mein Vater hielte auch 30 Jahre nach seinem Tod noch seine Hand über mich. Und was soll das für mein Leben und für ein Leben nach dem Tod heißen? Denken Sie mal drüber nach. Der „Fakt", dass mein verstorbener Vater durch eine Kerze meine möglichen, aber unbestätigten Liebesprobleme mit einer Ex am anderen Ende der Welt

Danke, Eva!

lösen könnte, würde doch alles ändern. Zuallererst den eigenen Blick auf Leben und Tod. Je mehr ich darüber nachdachte, desto mehr ängstigte mich das alles. Ich habe noch ein paar Piso Sour getrunken und niemals die besagte weiße Kerze angezündet, um mit ihr zu plaudern. Wenn Sie jetzt beim Schreiben meine Arme sehen könnten, würden Sie Gänsehaut entdecken.

Ach übrigens, die Liebe habe ich tatsächlich gefunden. Verheiratet bin ich noch nicht, das mit den Kindern wird wohl nun nix mehr werden, und dass diese Buchreihe ein Erfolg werden wird, liegt nicht an Kerze, Eva und Lima, sondern ganz alleine an IHREM Kauf. Danke!

SERGIE, DER TREKKER

Die Deutschen sollen ja die Reiseweltmeister sein. Doch mein Gefühl auf ewiger Reise sagt mir, die Russen ziehen nach.

„Straswudje, I'm Sergie from Petersburg and I'm a Trekker", so stellte sich meine heutige Reisebekanntschaft – sicherlich irgendwas um die Nummer 12.345 auf meiner Reise – bei mir vor. Ich war aus mehreren Gründen angemessen verwirrt. Zum einen hatte ich mich gerade an eine deutschferne, spanisch-englische Reisekommunikation gewöhnt und so verursachte das plötzliche Aufpoppen meines Schulrussisch eine Art Bruch im persönlich- sprachlichen Raum-Zeit-Kontinuum. Zum anderen musste ich erst Petersburg einsortieren, da ich es ohne vorangestelltes „Sankt" in die USA verlegte. Und dann die Sache mit dem „Trekker". Bitte was?

Recht schnell fing ich mich, grüßte vorsichtshalber irgendeine russisch-deutsch-englisch-spanische Grußformel ohne Sinn in den Raum, stellte Petersburg gedanklich ein „Sankt" voran, weil der Mann russisch grüßte und hieß, und nahm an, dass sein Trekker-Dasein nichts mit

der russischen Kolchose und den dortigen Traktoren zu tun hatte, sondern mit dem Bergsteigen. Alles richtig. Das Gespräch konnte also beginnen.
Sergie war ein dauerhaft gut gelaunter Kerl, der unverschämt fit und muskulös und zu allem Überfluss auch noch einen Kopf größer als ich war. Und er war nach Peru und überhaupt nach Südamerika gekommen, um Berge zu besteigen und sich zu freuen, wenn er von oben nach unten schauen könnte, was er dank fast zwei Metern gleich mal mit mir übte. Kurz überlegte ich, ob ich auch ihm gleich sagte, dass ich nicht mal zum Machu Picchu gekommen bin, um zu sehen, ob ich ihm so seine gute Laune austreiben könnte. Doch es wäre vermutlich erfolglos gewesen, da er nur so übersprudelte

vor Energie, Kraft und geradezu widerlich guter Laune. Er passte mal so gar nicht in die nieselige Grundstimmung von Lima. Er schwärmte mir von der so vielfältigen Landschaft Perus vor, die zu alledem auch teilweise noch als besonders unberührt gilt. Da ich wusste, dass ich persönlich nun wirklich gar nichts gegen diese Unberührtheit zu unternehmen gedachte, hielt sich mein Interesse am Bergsteigen in einem arg begrenzten Umfang. Doch es war die Begeisterung und das doch schon ansteckende Lächeln meines riesigen Kletterrussens, die mich einfingen und zumindest gedanklich mitnahmen. So erhielt ich kostenlos einen Vortrag zur hiesigen Bergwelt. Über alpine Gebirgszüge wie Cordillera Blanca, Cordillera Huayhuash und Cordillera Vilcanota. Über teilweise noch aktive Vulkanberge mit gigantischen Kratern, wie den Misti bei Arequipa und seinen höheren Nachbarn Chachani, den am einfachsten zu besteigenden Sechstausender in Peru. Dies wäre vielleicht der Zeitpunkt gewesen, ihm neben meiner Machu-Picchu-Schande auch mein La-Paz-Scheitern zu gestehen. Doch ich denke, ich hätte ihn nicht gestoppt. Der eisbedeckte Coropuna sei mit 6.422 Metern der höchste Berg Südperus und der dritthöchste Perus. Und der 6.310 Meter hohe Ampato war bekannt geworden, weil man dort die Mumie Juanita gefunden hatte. Er schwärmte so sehr von Bergen, die in diverser Hinsicht weit außerhalb meiner Reichweite lagen, dass mein Blutdruck hoch ging, als müsse ich jetzt ein Basislager verlassen, und ich Schweißperlen des Aufstiegs ausschließlich dank seiner Erzählungen bekam. Ich hoffe, das zählt auch als sportliche Betätigung. Blut und Schweiß, Sie wissen schon.

Und dann kam das Beruhigende in unserem Gespräch. Denn so sehr er mir auch von all diesen Bergen vorschwärmte, auf der aktuell anstehenden Tour wollte er gar nicht so verflucht hoch hinaus. Er beabsichtigte, in einer ungefähr 10-tägigen reinen Trekking-Tour die Cordillera Huayhuash zu um-

runden. Wie ich nachlas, befinden sich dort mit dem Yerupaja – dem zweithöchsten Berg Perus – und dem Jirishanca – dem Matterhorn der Anden – ebenfalls sehr berühmte Bergziele.

Was ich Ihnen also vom Trekkingrussen Sergie mehr oder weniger ausrichten soll: Trekking und Bergsteigen sind in Peru sehr empfehlenswert.

Na gut, aber ohne mich.

Do svidaniya.

DON, PIERO, SOFIA UND NICHT ANGELA

Ich wurde in Lima ein bisschen rumgereicht. Dank der ersten Lima-Bekanntschaften folgten sehr schnell weitere. Ich traf Vertreter des hiesigen Rotary-Clubs und Vertreter der hiesigen Freimaurer. Und mir wurde auch ein äußerst dicker Geschäftsmann aus den USA vorgestellt, der ebenfalls hier lebte. Er trug eine Attitüde von Weltherrschaft vor sich her und es würde mich nicht wundern, wenn er sowohl diverse Auszeichnungen des Rotary-Clubs als auch einen Maurerschurz der Freimaurer im Schrank hätte. Nebst anderer Clubzugehörigkeiten und deren Devotionalien. Jedenfalls nahm man mich hier und da mit hin und zeigte mir allerlei Kurioses. Ich habe das oft rund um die Welt erlebt, dass Ausgewanderte – gleich aus welchem Herkunftsland und gleich in welchem Gastland – alles dafür tun, einem Reisenden zu zeigen, wie richtig deren Entscheidung war. Das führte mich weltweit in die wildesten Bars, zu immer mehr imposanten oder zumindest interessanten Menschen, in die verstecktesten, kostbaren Winkel eines Landes und zu immer mehr Bekannten und Freunden der Ausgewanderten. Hier wurde es nun wirklich kurios, denn der sehr freundliche und mutmaßliche Rotarylionsclubfreimaurerscientologe wollte mir eine Brauerei zeigen. Nennen wir den etwas undurchsichtigen Mann „Don Vincente“. So hieß er nicht, ich finde aber, er sollte sich so nennen. Denn ganz offensichtlich hatte er überall seine Finger drin, hatte sich eine eindrucksvolle Kunstsammlung in seinen üppigen Räumlichkeiten zusammengetragen und wurde auf den Straßen des Stadtteils Miraflores von mehr Menschen gegrüßt, als er grüßte. Und jener „Don Vincente“ hatte mir nun also ein Angebot gemacht, das ich nicht ablehnen konnte. Und so besuchte ich mit ihm und ein paar anderen eine Brauerei, die von den Eigentümern in Holland gekauft, dort komplett ab- und in Lima neu aufgebaut wurde. Und ich meine komplett. Inklusive Stühle, Lampen, Schreibtischen und Möbel, auf denen noch Aufkleber von Ajax Amsterdam klebten. Irgendwann hatte der Don dann Geschäftliches zu besprechen oder einen Gefallen einzufordern und so wurde ich übergeben. An Piero, den peruanischen Braumeister. Er erzählte mir kurz und sehr stolz etwas über den Ankauf, den Transport und den Aufbau der Brauerei. Um mir dann total aus der Kalten zu erzählen, dass sich kürzlich seine Frau umgebracht hatte, nachdem sich vor ein paar Jahren seine Tochter erhängt hatte. Das schlug bei mir ein wie eine Granate. Ich kannte den Mann schließlich gar nicht. So hat er mich damit in einen Gefühlsstrudel geschubst, den ich gar nicht ordnen konnte. Warum erzählte er so etwas einem komplett Fremden? Wahrscheinlich erzählte er das aktuell jedem, der ein bisschen zuhörte, nur um seine Seele zu entlasten. Dann nahm er mich und führte mich in das Labor der holländischen Brauerei in Peru, um mich und andere am Test teilhaben zu lassen. Die Art des Testens des Bieres ist sehr angenehm. Hin und wieder wird ein Schluck wohl in eine Petrischale und in einige Apparaturen geschüttet. – Na gut, wen juckt's? Denn meistens aber testet man die Reinheit, den Geschmack und auch die Wirkung des Bieres, indem man das Bier dahin schüttet, wohin es auch in Peru gehört. Kaum ein halbes Dutzend aufopferungsvolle Tests später waren die Geschichten um diverse Todesfälle vergessen. Das mir typisch erscheinende Morbide in Peru verschwand unter Pilsblumen. Wir testeten immer lockerer und erzählten uns Geschichten aus aller Welt und natürlich aus Deutschland. Wie auch in vielen anderen Ländern, so musste ich hier irgendwo zwischen Rio Rímac und den Anden auch den deutschen Fußball besprechen. Darin war ich noch nie ein Fachmann. Nichtsdestotrotz hatte ich ausgerechnet immer über Bayern München zu sprechen, über Thomas Müller, Manuel Neuer, Boateng und Robben. Diese „Helden" kennt man auch in den Brauereien irgendwo hinter Lima. Ich glaube, sagen zu können, dass ich auf der gesamten Weltreise mehr über den deutschen Fußball gelernt habe als in den zehn Jahren in Deutschland zuvor.

Darauf noch ein Laborbier.

Als ich dann noch erwähnte – und ich gebe es zu, ich hatte mich vorbereitet –, dass die Peruaner Claudio Pizarro und Carlos Zambrano so unendlich wichtig für die Fußball-Bundesliga seien, gab es Tränen der Rührung, eine Umarmung und, was viel wichtiger war, ein frisches Laborbier.

Als Nächstes hatte ich, auch das ist weltweit gleich, die Schönheit der einheimischen Frauen nicht nur zu loben, sondern sie unbedingt über die Schönheit der Frauen der jeweiligen Nachbarländer zu heben. Dem Peruaner ist es egal, ob ich Thailänderinnen oder Japanerinnen für schön halte. Aber Peruanerinnen für nicht schöner als Ecuadorianerinnen oder gar Bolivianerinnen zu halten, wäre eine Sünde gewesen. Interessanterweise machten sie alle bei den Brasilianerinnen eine Ausnahme und zuckten mit den Schultern, als wäre es zu schwer, deren überragende Schönheit so lange runterzureden, bis die Peruanerin wieder führen würde.

Was willste da machen?

Noch ein Labortestbier?

Salud!

Nun dachten die gut angetesteten Laborjungs, es wäre eine prima Idee, wenn ich meine vorgegebene Theorie, die Peruanerinnen seien die Schönsten, anhand der sehr anwesenden Laborleiterin Sofia beweisen würde. Selbstverständlich lief Sofia prompt rot an und verkroch sich schüchtern in ihrem Laborkittel. Ich tat wie mir geheißen, war sehr charmant und auch Sofia wurde wieder locker und gab sich durchaus geschmeichelt. Da ich das offensichtlich sehr glaubhaft tat, revanchierten sich die peruanischen Männer damit, womit sich immer alle Männer in der Welt revanchieren, wenn sie vom „schönen Deutschland" sprechen. Es fallen schwärmerische Worte zu Claudia Schiffer und Heidi Klum. Als ich – ja, es waren einige Laborbier getrunken – dann auch Angela Merkel

abfragte, lobten sie alle tatsächlich voller Respekt, doch weigerten sie sich, Angela in dieser Frage neben Heidi und Claudia zu stellen. Und mehr als diese drei deutschen Frauen kennt auch kaum jemand in der Welt.
So waren auch diese Reisebekanntschaften mal wieder eine Bestätigung für meine ewige und flehentliche Forderung an alle Reisenden: Sprechen Sie mit den Menschen!
An die Rückfahrt kann ich mich aus mir unerfindlichen Gründen nicht erinnern.

JOSEFA, DIE DEALERIN

Was gibt es wohl so viel wie Lamas und Panflöten in Lima? Casinos. Irgendwie scheint Lima in Peru zur Casinohauptstadt Südamerikas geworden zu sein. Ich weiß nicht, wieso, und zu einer Tiefenrecherche fehlt mir dann doch das finale Interesse an dieser Frage. Aber es ist schon so, in Lima stolpert man unentwegt über Casinos. Die meisten von ihnen sind freilich Automatencasinos, die mich persönlich ja nun gar nicht reizen. Aber es gibt auch reichlich Casinos, die auch diesen Namen verdienen. Im „Majestic" zum Beispiel wird auch gepokert. Und spätestens jetzt dürfte es auch den lesenden Vertretern unserer Strafverfolgungsbehörden klar werden, dass Josefa nichts mit südamerikanischen Drogenkartellen zu tun hatte und mich auch nicht dazu missbrauchte, die eine oder andere Tonne Rauschmittel im Handgepäck aus- und wieder einzuführen. Josefa war Kartengeberin in einem Casino. Dealerin.
Nun bin ich ja ein Pokerenthusiast und lasse weltweit keine Gelegenheit verstreichen, mich an die Tische zu setzen und zu pokern.
Wer das für Teufelszeug hält: Wir sehen uns im nächsten Kapitel!
Doch ich werde ja auch nicht müde zu erwähnen: An Pokertischen weltweit kommt man besonders gut mit den Menschen des Gastlandes und Reisenden aus aller Welt ins Gespräch. Besonders in Großstädten. Und auch das nutzte ich exzessiv.
In Lima ist das auch meistens eine recht günstige Freizeitbeschäftigung und Kommunikationsbörse. Kleine Einsätze, kleine regelmäßige Turniere und eine lockere Atmosphäre. In Lima verlor ich übrigens meistens, und obwohl ich sonst ein grauenhaft schlechter Verlierer bin, verging mir die gute Laune nie, weil die Menschen sehr nett und offen sind und die angenehme Atmosphäre mich schnell getröstet hat.
Die Peruaner sind zudem besonders interessiert an dir als

Reisendem und wollen wirklich viel wissen. Gerade von einem Europäer können sie kaum genug erfahren. Europa ist für sie – auch und besonders finanziell – so weit weg, dass einem sehr schnell die Rolle des Exoten übergestülpt wird. So empfand ich die Peruaner und Peruanerinnen als besonders positiv neugierig, wissensdurstig. Selbst wenn an den Pokertischen viele Spieler aus Europa, Kanada und den USA saßen, schien man auf jeden Einzelnen neugierig, an jedem Einzelnen interessiert zu sein. Ich empfand das als angenehm, weil man – gerade in Deutschland – sehr oft in Casinos Pokerrunden voller schweigsamer Gewinnmaximierer sitzen hat. Das sagt viel über die Menschen in Lima aus. So sprachen sie mit mir und so pokerten sie sogar. Sie wollten lernen und sich verbessern. Beeindruckend. So hatte ich ein paar sehr anregende Abende mit peruanischen und internationalen Spielern, die sich stets amüsiert unterhielten. Einmal saßen an meinem Tisch drei Spieler aus Peru, zwei aus Argentinien, einer aus Russland, einer aus den USA, ein Franzose und ich. Von den Muttersprachlern abgesehen konnten die anderen nicht zwei Sätze Spanisch unfallfrei sprechen. Und des Englischen waren zumindest der Russe und die Südamerikaner kaum mächtig. Es war zu göttlich, wie wir uns über unser Leben, über Peru und unsere Pokererfahrungen verstän-

digt haben. Nach viel Rotwein, Gin Tonic und noch mehr Pisco Sour wurde das Spiel zwar wahrlich nicht besser, aber lustiger. Und über alles strahlte Josefa. Ich gebe es zu, ich war ohnehin etwas überrascht, in Peru so viel schöne und interessante Frauen zu sehen. Und Josefa war und ist zweifelsohne eine von ihnen. Eigentlich eine Dealerin, die aber, wenn sie nicht gerade dealte, auch mal Getränke brachte. Was extrem unüblich ist. Und so wurde die äußerst charmante Dealerin/Kellnerin in gleich fünf Sprachen angebaggert, was den Kampf um die Pötte endgültig zur Nebensache machte.

Meine Lieblingssituation an jenem Abend war, als der Russe, der Franzose, ich und Miguel aus Lima uns die schlimmsten und natürlich zu Unrecht verlorenen Pokerhände um die Ohren schlugen. Miguel hat sich dabei so sehr in ein nicht mehr zu identifizierendes englisch-spanisches Sprachwirrwarr verrannt, dass wir zum Schluss den Tisch gestoppt haben, die charmante Josefa Zettel und Stift holen musste und uns Miguel geschlagene zehn Minuten aufmalte, was ihm bei einem Turnier in Buenos Aires passiert war. Letztlich natürlich das, was jeder Spieler an jeder Casinobar der Welt ständig hört. Irgendein Spieler, den er mit „Idiota", „el cabrón" und „hijo de puta" bezeichnete, hatte einen dummen Spielzug getan, was sofort mit „tonto" und „burro" und viel „culo" gewertet wurde. Und wegen dieses „perro asqueroso", „pendejo" und „maricon" war er – „Dios mio!" und „¡Madre mía!" aus dem Turnier geflogen. „Qué mierda!"
Während dieser ganzen Schimpfkanonade haben Pascal aus Lyon und ich versucht, uns die spanischen Schimpfnamen zu merken und dafür wieder Zettel und Stift von Josefa benötigt. Nur als wir bei ihr immer wieder nachfragten, was das alles bedeuten sollte und wie man das schreibt, war sie an der Leistungsgrenze ihres Charmes angekommen, lief rot an und winkte freundlich ab. Auf gar keinem Fall würde sie das übersetzen. Sie bekreuzigte sich mitten im Casino und schüttelte peinlich berührt über ihren schimpfenden Landsmann den Kopf. Ehrlich, ich muss heute noch lachen, wenn ich über diesen weltumspannenden und sehr amüsanten Unsinn nachdenke. Und ich übernehme keine Haftung, wenn Sie diese ganzen Worte nun für Ihre Perureise übernehmen.
Aber bitte nutzen Sie doch mal einen solchen Urlaubstipp und versuchen Sie einen Casinobesuch und dort die kommunikativen Spiele. Wenn Sie offen bleiben, werden Sie interessante Menschen treffen.
Ach, und grüßen Sie bitte die hinreißende Josefa von mir.

PETRA, DIE UMWELTSCHÜTZERIN

Ich schwöre, sie trug eine Latzhose!
Petra aus Österreich war nach Peru gekommen, um sich dem Umweltschutz zu verschreiben. Das ist ein gar nicht so seltenes Phänomen. Ich hatte auch schon deutsche und schweizerische Umweltschützer in Mexiko, in diversen südostasiatischen Ländern und in Indien getroffen. Lange bevor manche dazu

übergingen, eben nicht mehr für den Schutz der Umwelt um die Welt zu reisen, sondern sich derart heimatverbunden zu geben, dass sie sich auch gleich mal an Ort und Stelle irgendwo festklebten. Ich traf besonders viele Volontäre und Studenten, die sich in Afrika in speziellen Einrichtungen um Tiere kümmerten. Auch Mitarbeiter von sozialen Einrichtungen traf ich weltweit immer wieder. Auch diese besonders oft in Afrika. Sie alle verdienen meine Hochachtung.

Sich in Peru um den Naturschutz zu kümmern, fand ich auf den ersten Blick sowohl interessant als auch irgendwie, nun ja, überflüssig. Interessant und logisch fand ich es, weil Peru etwas mit Reiseträumern tut, was auch Länder wie Costa Rica mit Ankömmlingen tun. Sie lassen sie – wie ich es sage – grün einspeicheln. Das sind jene Mitbürger, die ihr Leben lang den heimischen Frühling bewundern und ihn nach einer Reise in eines der grünen Paradiese auf Erden dann nur noch als irgendwie grau empfinden können.

Irgendwie überflüssig schien es mir, weil Peru zu den wenigen Megadiversitäts-Ländern der Erde zählt, die fast alle in den Tropen liegen. Wie übrigens auch die Nachbarländer Brasilien, Ecuador und Kolumbien. Was ich meine, Peru schien schon ganz gut ohne Europäische Hilfe klarzukommen und die Natur schien unverwüstlich. Peru beherbergt hunderte von endemischen Pflanzen- und Tierarten und ist somit erklärtes Traumziel für alle Naturfreunde und zum Beispiel besonders für Liebhaber von Vögeln und Orchideen. Der Nationalpark Manú, die Colca-Schlucht – immerhin mit 3.400 Metern eine der tiefsten Schluchten der Erde und doppelt so tief wie der Grand Canyon – oder die Llanganuco-Seen sind Paradiese für Naturliebhaber. Und Peru scheint sich um diesen grünen Schatz zu kümmern. Das Land verfügt über sagenhafte 158 Schutzgebiete, die immerhin fast 17 Prozent der Landfläche umfassen. Von Walen über Schmetterlinge bis zu Amphibien können Sie schöne und imposante Tiere beobachten. Was wollte Petra hier nur schützen? Nun gut, wenn man sich in Lima selbst umsah, fielen einem schon ein paar mögliche Maßnahmen ein.

Doch auf meine Frage hatte sie sehr schnell ein paar auswendig gelernte Antworten bereit, die sich alle darum drehten, dass man auch die Natur und den Naturschutz hier nicht als stetig gegeben betrachten dürfe, dass man selber mit anpacken müsse und – sie sagte es tatsächlich – es auch an der Zeit sei, etwas zurückzugeben.

Es könnte aber auch daran gelegen haben, dass sich Petra für dieses ungewöhnlich lange Volontariat zwei Semester freigenommen hat, um hier eine ganz neue Erfahrung zu machen, Spanisch zu lernen, ihren Lebenslauf

aufzubessern und neue Menschen und Sichtweisen kennenzulernen, während sie tatsächlich einem Naturschutzprojekt hilft. Alles wunderbar, alles ehrenwert. Finde ich großartig.
Als ich ein bisschen nachhakte, erreichte ich jenen Bereich der Fragen, auf die sie nicht schon vor der Reise zuhause hunderte Male die gelernten Antworten gegeben hatte. Sie schwärmte von den Menschen, vom Essen und gar von der Musik. Sie schwärmte aber auch – wie mein Russentrekker – von Freizeitaktivitäten, die sie hier besonders liebte. Wie dem Rafting am Fuße des Misti-Vulkans. Wie den ausgedehnten Wanderungen durch die Nationalparks und in die Berge.
Ich mochte Petra. Sie war so ein bisschen ein extra grüner Punkt mitten in einem grünen Paradies.

KURZTRIP URUGUAY

SEHR GUTE, KLEINE IDEE

MIT DEM BUCKEL-BUS ZUR SCHMUTZIGEN SCHWESTER

In Uruguay bin ich, wie auch in Paraguay, nur kurz vorbeigeschlittert. Ich habe nur die beiden Hauptstädte besucht und so sind meine kleinen Erlebnisse bloß etwas wie ein paar – wie steigert man eigentlich „Appetithäppchen“? –, sagen wir, „appetitliche Krümel“. Hoffentlich auch für Sie. Denn in beiden Ländern werde ich wieder vorbeischauen. Und ich traue mich auch – trotz meiner sehr kurzen Besuche hier – nur deswegen über sie zu schreiben, weil ich in beiden Ländern sehr originelle Erlebnisse hatte. Da ich nun in Buenos Aires mittlerweile eine zeitweise Heimat gefunden habe, werde ich die Gelegenheiten immer mal wieder nutzen, um die beiden eher kleinen Länder – 3,4 und 7,1 Millionen Einwohner, 176.000 und 400.000 Quadratkilometer Fläche – intensiver zu besuchen. Aber als erste Eindrücke bringt dies hier vielleicht schon ein bisschen Freude.

Als ich in Buenos Aires nach den Möglichkeiten fragte, wie ich am besten nach Montevideo komme, war man wohl auf argentinischer Seite entschlossen, mich zu verwirren. Denn die Antwort verstand ich als „Nehmen Sie den Buckel-Bus.“ Na klar. Ich hatte schon mal die sogenannten Kamelbusse in Havanna gesehen. Die hatten den Namen durch ihre eigenwillige Form

wahrlich verdient. Doch was für die Kamelbusse von Havanna und gegen den Buckel-Bus nach Montevideo sprach, war einerseits das Vorhandensein von Straßen in Havanna und zum anderen das Fehlen von Land zwischen Buenos Aires und Montevideo. Ich muss so verwirrt dagestanden haben, dass man sich am Schalter erbarmte und mir gleich meine noch nicht gestellte Frage beantwortete und bestätigte, dass es sich beim Buckel-Bus eben nicht um einen Bus handeln würde, dass er nicht Buckel-Bus heiße, sondern Buquebus, eine Fähre sei und somit nicht mal ein Er, sondern eine Sie sei und keine Straße bräuchte. Wunderbar. Knapp vier Stunden sollte der seetüchtige „Bus" von einem zum anderen Land brauchen und so kam ich auch nur wenig später in Montevideo an.
Montevideo wird gern die „kleine schmutzige Schwester von Buenos Aires" genannt. Darauf konnte man ja nun wirklich nur gespannt sein.
Für unreife US-Bürger ist das Land zudem eine gern genommene Kichernummer für Schulhofgespräche und unterklassige Comedy Shows. Uruguay sprechen sie dann gern „U-aregay" aus, was bedeutet „Du bist schwul", was eben besagtes Kichern auslöst. In den oft eher prüden USA auch gern komplementiert mit schützenden Händen vorm unreif kichernden Mund. Getoppt wird diese Art pubertierender Sprachwitz übrigens fast nur noch vom Planeten Uranus, der in willigen Ohren nach dem selten sichtbaren Körperteil des Gegenübers klingt. Na, da kommen Sie schon selber drauf.
Ich traf US-Donald – keine Ente, kein Ex-Präsident – in Uruguay und selbst er, der nun mitten in

Das alte Stadttor …

… und Señora Solanas

diesem Land stand, konnte den Ländernamen kaum sagen, ohne ständig zu kichern.
Ich dachte nur: Lass ihn kichern, ich geh gucken. Ich wohnte in einem kleinen Hotel am Meer und verließ es gefühlt 1,5 Sekunden nach meiner Ankunft, um wie immer zu schauen und zu lernen. Dazu kam, dass ich als selbsternannter Buchungsweltmeister mit Hotelerfahrungen in weit mehr als 100 Ländern dieses Mal mit meiner Internetreservierung so danebengegriffen hatte, dass ich mir wie ein Bauarbeiter auf Montage vorkam. Mein Haus in Montevideo entpuppte sich als wenig romantisch und die Zimmer waren aus demselben hässlichen Hotelzimmerkatalog wie in Deutschland die Autobahnhotels gern sind. Egal, ich war ja auch nicht als Hoteltester unterwegs, obwohl dies wahrlich ein weiteres Buch wert wäre. Nein, ich wollte die kleine schmutzige Schwester erkunden. Auch so ein Satz, den man viel zu selten im Leben sagt.
Doch besagtes Schwesterchen entpuppte sich eigentlich als kleine gelassene Schwester. Und schmutziger im Verunreinigungssinn ist sie auch nicht. Den großen Tourismus gibt es hier nicht und das Selbstdarstellerische einer Stadt wie Buenos Aires oder Rio de Janeiro findet sich hier auch nicht. Irgendwie war mir Montevideo dadurch sofort sehr sympathisch und erschien mir selbstzufrieden. Die ganze Stadt wirkte auf mich, als

hinge sie noch in den Fünfzigerjahren. Sie wirkte zerklüftet zwischen hässlichen semimodernen Fassaden, Resten aus Kolonial- und Jugendstil, Bauhausresten, reichen Grünflächen und Platanenalleen. Dazwischen wieder knallbunte und sagenhaft hell erleuchtete Technik-Geschäfte und muffige Buchläden, die man nur mit einer Staublunge wieder verlassen könnte. Ja, das Zerrissene ist wohl das hervorstechendste Merkmal von Montevideo. So machte ich mich also auf den Weg, etwas mehr über die Stadt, das Land und vor allem die Menschen zu erfahren.

Eine meiner ersten Amtshandlungen war, mich den „Eingeborenen" anzupassen. Denn viele Menschen liefen mit kleinen Blechtassen inklusive Blechstrohhalmen rum und tranken daraus. Stichwort: Mate. Das sah irgendwie verwirrend aus. Ich hatte das schon oft in Buenos Aires gesehen, aber bei Weitem nicht so massiv. Dann sah ich auch noch, dass die meisten von ihnen kleine Thermoskannen unter dem Arm hatten. Ich musste der Sache nun endlich auf den Grund gehen. So kaufte ich mir ein Trinkset, bestehend aus einer sogenannten Kalebasse, die aus einem Flaschenkürbis gefertigt war, einem metallenen Strohhalm, genannt Bombilla, und einer kleinen Thermoskanne. Darin war heißes Wasser, das ich fortan auf die Mateblätter in der Kalebasse zu schütten hatte, um dann den Sud durch die Bombilla zu nuckeln. Das klingt sehr viel besser, als es mir schmeckte. Aber das musste nun sein, nachdem ich es so oft besonders in Argentinien und Uruguay gesehen hatte. Ich fühlte mich, als wäre ich nun von den hiesigen Bürgern nicht mehr zu unterscheiden.

Die Menschen in dieser zerrissenen Stadt sind freundlich und offen. Ich durfte mich lange mit einer mehr als 70 Jahre alten Frau unterhalten, die an einer Straßenecke saß, mich sah, und mich sofort ins Gespräch verwickelte. Trotz der mich fast zur Unkenntlichkeit assimilierten Trinkgewohnheiten hatte mich das clevere Mädel sofort als Reisenden ausgemacht. Sie war etwas traurig über den Zustand ihrer durchaus geliebten Stadt, in der sie 1945 geboren wurde. Zufälligerweise jenem Jahr, in dem Curt Götz „Das Haus in

Palacio Salvo

Teatro Solís, Baujahr 1856

Montevideo" geschrieben hatte. Und Señora Solanas sah auch aus wie diese Stadt. Sie trug einen roten Mantel, der ganz sicher schon bessere Zeiten erlebt hatte, und Schuhe, die mal gut und nun wohl ihre einzigen waren. Mit allem Respekt wirkte sie ähnlich verwittert wie die letzten klassizistischen Gebäude der Stadt. Ich fragte mich, ob es mit Menschen und Städten wohl so sei, wie man es Hunden und Herrchen oder Frauchen nachsagt. Gleichen die sich mit der Zeit an? Ist der New Yorker Rentner modern, der aus Havanna abgerissen und blinkt der aus Tokio bunt in allen Farben? Señora Solanas war glücklich darüber, mit mir, einem Europäer, sprechen zu können, wusste, dass das in Montevideo und anderen Orten Lateinamerikas immer wieder auftauchende Bauhaus seinen Ursprung in Weimar, Dessau und Berlin hatte, und war eine so herzerwärmende ältere Dame, dass ich mich sofort etwas mehr in Montevideo verliebte.

Nachdem die ältere Tochter der schmutzigen Schwester gegangen war, schaute ich mir die Stadt etwas genauer an. So lief ich in der Gegend rund um den zentralen Platz von Montevideo, dem Palcio Salvo, umher und staunte nicht schlecht, wie man an nur einem Platz so viele unterschiedliche, sich widersprechende und jede Geschmacksabart beinhaltende Baustile zusammensammeln konnte. Am Plaza de Independencia stand ich dann vor dem Palacio Salvo. Der wohl größten Kleckerburg meines Lebens, die für die einen das imposanteste Gebäude der Stadt ist und für andere, zum Beispiel auch für Le Corbusier, als der Inbegriff des Hässlichen gilt. Jedenfalls war es Grund genug, das Gebäude zu fotografieren zu versuchen. Zu versuchen! Machen Sie das mal, mit einer Kanne unter dem Arm, einer Tasse in der Hand und einem Strohhalm im Mund. Geht nicht. Also musste ich alles abstellen und mich Motiv und Apparat widmen. Die Bilder waren im Kasten, ich schnappte mir wieder Tasse und Halm und zog und zog von dannen. Bis eine aufgeregte Frau hinter mir her geschossen kam. Ich drehte mich um, sah, dass sie nett aussah, blieb selbstverständlich stehen und malte mir im Nanosekundenbereich eine Romanze aus, wie sie schöner und aufregender gar nicht beginnen kann. Ja, diese Fantasien sind mein Nikotin, mein Alkohol, meine Mate. Natürlich hielt sie

der Erwartung nicht stand. Eben wie alle Suchtmittel. Die gute Frau schleppte mir nur meine Kanne hinterher. Sehr nett, doch ich spürte, wie umständlich diese Art der Erfrischung ist. Was soll ich sagen, im Laufe des Tages blieben mal Kanne und mal Tasse irgendwie irgendwo stehen und es wurde regelrecht zur Prüfung für Montevideo, herauszufinden, wer wann und wie schnell mit dem Stehengebliebenen angerannt kommen würde.
Alles zusammen – inklusive Mate-Tee, der mir von Minute zu Minute besser schmeckte – brachte mir ein wirklich warmes Gefühl für diese zerrissene und nicht immer schöne Stadt.

DAS MATE-DESASTER

Hatte ich die ersten Tassenträger noch für eine kleine affektierte Randgruppe gehalten, so häufte sich dieses Phänomen nun geradezu erschreckend. Es vergingen nie mehr als drei Minuten, bis wieder eine wandelnde Blechtasse auftauchte. Teilweise kamen Gruppen von drei, vier Menschen daher, die mehr oder weniger synchron an den Strohhalmen saugten oder etwas vom Thermoskanneninhalt nachschütteten.
Als ich dieses Phänomen das erste Mal in Buenos Aires sah, hatte ich noch nicht mal verstanden, dass dieses Metallding, was aus dem anderen Metallding herausragte, ein Strohhalm war. Da dieser nun aus Plastik zu sein hätte, wenn nicht gar aus Stroh oder umweltbewusst aus Papier, kam mir der Gedanke an eine metallene Ausgabe gar nicht erst. So nahm ich Dummerchen damals an, es sei ein Löffel und man hätte so etwas wie eine Suppe bei der Hand. Dass einer am Stiel des Löffels saugte, konnte ich noch als Spinnerei abtun, als dies die Massen ergriff, verstand ich: Strohhalm. Also was trinken die? Kaffee! Was sonst? Südamerika und so! Alles Kaffeejunkies also! Bis ich schließlich einen Stand erreichte, an dem Dutzende von diesen Dingern angeboten wurden. Mit und ohne Thermoskanne, in Lederetuis und mit Stoffumspannung für die Kannen, und in allen Ausführungen zwischen Luxus und Tagesvarianten.
Nun viel später und hier in Montevideo kaufte ich mir wie gesagt ein Set und auch Mate. Die Blätter werden in die Tasse gegeben und dann wird beinahe unaufhörlich heißes Wasser draufgeschüttet. Im Sommer übrigens gern auch kalter Orangensaft. Aha! Aber es hat auch irgendwie eine beinah religiöse oder zumindest traditionelle Nebenbedeutung. Denn offensichtlich muss

man als Uruguayer Mate trinken und möglichst lässig den ganzen Tag an diesem Getränk nippen, beziehungsweise saugen. Es ist in ganz Südamerika vertreten, aber ich habe es nie so exzessiv geschlürft gesehen wie in Montevideo. Alle schwören sowohl auf die durch das enthaltene Koffein belebende Wirkung und sind unumstößlich überzeugt, dass es gut für Nerven, Muskeln und Stoffwechsel sei. Dass es auch Blasenkrebs fördern soll, wird freilich ausgeblendet. Wie dem auch sei, es hatte für mich den Anschein, als sei ohnehin schon die ganze Stadt, das Land und große Teile Südamerikas weit über die logischen Gründe hinweg und nehmen es zu sich, wie die Raucher ihre Zigarette oder die Alkoholiker ihren Schnaps. Ich weiß nicht, ob es eine Suchtgefahr gibt, aber wenn, dann ist ganz Montevideo „voll auf Mate, eh“! Ich finde ja nicht, dass man das trinken muss. Die Flüssigkeit sieht gelbgrün aus und schmeckt wie eigenartiger Tee. Aber es wärmt und das hatte man in Montevideo auch nötig, da auch hier gut 15 Grad Celsius im Plusbereich als Winter galten und man sich damit, wenn schon nicht warm, so doch lebensfähig hielt.

Es geschah an einem Souvenirstand an der wirklich eindrucksvollen Puerta de la Ciudadela – was das schöne steinerne Tor zur Altstadt ist, das ohne aktuellen Zweck unweit der besagten Kleckerburg steht –, als ich ein ziemliches Chaos anrichtete. Ab da wusste ich, wir vier – also Kanne, Tasse, Halm und ich – werden keine Freunde fürs Leben. Ich fand ein paar hübsche handwerkliche Arbeiten an einem Stand und wollte sie nicht nur genauer ansehen, sondern derer auch haptisch werden – um nicht „befummeln“ zu sagen. Da ich nichts vom Matebesteck so weit weg stellen wollte, als dass ich etwas vergessen könnte, parkte ich alles auf der Kante des Tisches, und zwar sehr eng beieinander. Ich schaute mir ein paar Arbeiten an und war wirklich begeistert von den kleinen Figuren,

Pferden und anderem Getier, das farbenfroh und echt hölzern aufgereiht herumstand und das es zu erwerben galt. Mit einer wahrlich ungeschickten Drehung erwischte ich dann das Komplettpaket aus Matebecher, Thermoskanne und Zubehör und fegte es in einem Handstreich hinweg. Und zwar polternd und scheppernd über die Auslage von hölzernem Mensch und Getier.

Was sich dann abspielte, glich einem monströsen Angriff auf das Land Liliput.

Die Thermoskanne warf ein halbes Dutzend Bauern und andere wohl landestypische Holzfiguren um, nur um dann quer über den Tisch als stählernes Rollkommando ganze Kompanien von Holzfiguren zu plätten. Mein Matebecher hatte sich derweil eine andere List ausgedacht und überschwemmte gelbgrünlich die Anwesenden. Es war ein Bild des Grauens! Die Bauern und hölzernen Frauen schwammen neben den aufgeweichten Leichen ihres Tierbestandes in dem gelblichen Gebräu umher, die Kanne lag wie das abgeschossene Mutterschiff eines interstellaren Angriffes auf einem halben Dutzend kleiner Holzuruguayer und die Frau hinter dem Tisch schaute auf das Desaster wie wohl Gott auf die Erde runterschaut, wenn eine Flut einen Landstrich erwischt hat.

Ich versuchte, nach Kanne und Tasse gleichermaßen zu greifen, war aber in meiner Hektik keine Hilfe. Meine schnelle Eingreiftruppe aus zwei Händen schob sich wie der linke und der rechte Flügel einer Angriffsformation auf das Schlachtfeld, splittete die gegnerischen Truppen in drei Teile und fegte einige unschuldige Opfer über den Rand der Erde … äh, des Tisches ins Nichts. Nur um dann am Ende des Tisches die Kanne mit den Fingerspitzen so hektisch zu erwischen, dass sie ebenfalls über den Tisch herausschoss und Gott – also die Verkäuferin – traf. Zum Glück blieb wenigstens die Kanne zu.

Das ganze Schlachtfeld – also der Tisch – war ein Blutbad – also Matedesaster. Und ich glaubte sehen zu können, wie die kleinen hölzernen Kameraden in der Mate aufquollen, um schließlich auch noch eindrucksvoll Wasserleiche spielen zu können.

Das Geschrei um den Tisch war kurz und laut. Keiner von ihnen hat mit mir gemeckert oder irgendwelches Theater gemacht, aber der Schreckensschrei diverser Damen hing mir noch eine Weile in den Knochen.

Dann lächelten sie alle, die Dame stellte die Figuren wieder hin, tauschte die Wasserleichen gegen frische Holzkameraden, räumte das Schlachtfeld auf und gab mir ihre Kriegsbeute in Form von Kanne, Tasse und Halm zurück. Ich kaufte als Reparationsleistung drei Figuren, wir nickten uns einen Friedensvertrag zu und alles war gut.

Darauf einen Mate-Tee!

REIN-
GESCHNUPPERT IN
PARAGUAY

Bevor ich Asunción in Paraguay erreichte, spielte ich im Flugzeug mit mir selbst ein Quiz. Was wusste ich über diese Stadt, was über das Land?
Zunächst einmal ist Asunción die Hauptstadt von Paraguay. Die Nachbarstaaten sind Brasilien, Argentinien und Bolivien. Das Land hat keinen Meereszugang, sorry. Ich hatte auch gehört, dass, dank deutscher Auswanderer und Mennoniten, Deutsch die dritte Sprache des Landes sein soll. Und dass wegen des bis 1989 herrschenden deutschstämmigen Diktators Alfredo Stroessner zehntausende Deutschbrasilianer eingewandert sind. Fußball ist die Hauptsportart in Paraguay und man hat sich bis 2010 viermal hintereinander für die Endrunde der Fußballweltmeisterschaft qualifiziert. Für die Weltmeisterschaften in Brasilien, Russland und Katar aber leider nicht mehr. Man zahlt mit Guarani, und ein Euro ist meist zwischen 7.000 und 7.500 Einheiten von dieser nach Obst klingenden Währung wert. Nun ja, da wusste ich über andere Länder weniger. Aber viel ist das nicht.
Ich hatte das Glück, in Paraguay sofort auf eine Frau in der Hotelhalle zu treffen, die in Paraguay geboren wurde, aber Deutsch zur Muttersprache hatte. Was vor allem daran lag, dass ihre Verwandtschaft bis hin zur Mutter aus Deutschland kam. So wurde ich, als ihr klar wurde, dass ich in Dresden geboren bin, sofort damit überfallen, dass sie ja auch Verwandte in Dittelsdorf hätte. Sie war ganz aufgeregt, weil wir also quasi Nachbarn sein mussten. Nun hatte ich – solche Zufälle gibt es eigentlich nicht – ausgerechnet in Peking einen Mann kennengelernt, der aus Dittelsdorf stammte, und wusste damit nach mehr als 40 Jahren in Sachsen nicht nur, dass es das Nest überhaupt gibt, sondern wo Dittelsdorf so rumlag. Nämlich bei Dresden, oder besser bei Zittau und das ist schon großzügig beschrieben. Eigentlich liegt es auch irgendwie zwischen Polen und Tschechien und scheint nur durch diverse Zufälle noch deutsch zu sein. Ich stand in der Stadt Asunción und musste mich als stolzer Dresdner mit der westpolnischen bis südtschechischen Verwandtschaft vergleichen lassen. So etwas erlebt man nur auf Weltreisen. Sie aber war so stolz darauf, mit mir

Der Regierungspalst „Palacio de López“

also fast beinahe verwandt zu sein, dass ich über den kleinen Umweg Südamerika das Nest Dittelsdorf großzügig in meine Heimat eingliederte und mit meiner neuen Bekannten darauf einen Drink an der Bar zu nehmen hatte. Diese Frau war somit ein höchst willkommener Tippgeber für ein Land und eine Stadt, die ich so wenig kannte, dass ich alleine in einem Flugzeug sitzend fast aus meinem eigenen Quiz geflogen wäre. Spätestens nachdem sie mir geraten hatte, ich solle unbedingt irgendwann Fischsuppe im „Lido“ essen und nachts etwas im „Pub Britannia“ trinken gehen, erklärte ich Dittelsdorf zu Sachsens Landeshauptstadt ehrenhalber und genoss den Abend.

Ein paar Drinks später, die hauptsächlich als Gin-Tonic auf uns zukamen, wusste ich nicht nur, dass sie Gianinna hieß, sondern welches Glück ich mit dieser Frau insgesamt haben sollte. Denn sie lehrte mich so viel, was ich über Paraguay noch nicht wusste, dass es in der nächsten Ausgabe des Flugzeug-Quiz „Antworte oder steige aus!“ zu einem der vorderen Plätze gegen mich selbst reichen würde. Es ist eine typische Erscheinung auf einer Weltreise, dass Einheimische immer zu schwärmen beginnen, wenn man sie nach ihrer Heimat fragt. Mir war das in Asien schon so gegangen, in Nord- und in Südamerika und auch in Australien nebst umliegender Gebiete. Die Menschen freuen sich einfach, wenn sie sich jemandem aus dem Ausland mitteilen können und ihren Stolz auf das eigene Land zum Ausdruck bringen können. Je kleiner das Land im Vergleich zu Deutschland ist, desto unverhohlener ist ihr Stolz. Bei den US-Amerikanern ist es dann wieder was anderes, weil die schon Sternen-

DIE Suppe

Nachts in Asunción

banner schwingend aus dem Mutterleib krabbeln, als Erstes „America the Beautiful“ brabbeln und ihr Leben lang damit nicht aufhören. So komisch das für einen Deutschen ist, dem Heimatstolz ja schwerfällt, so sehr fragte ich mich hier auch, was wohl Deutsche in Deutschland den Menschen aus Südamerika und Asien über ihr Land erzählen. Vielleicht tue ich ja nun den gut 83,24 Millionen Mitbürgern Unrecht, aber ich glaube, sie jammern ihnen oft die Ohren voll und schwärmen lieber über jedes andere Land, das sie einst besuchten oder von dem sie gehört hatten. Das muss aber gar nicht sein, da Deutschland und die Deutschen im Ausland viel beliebter sind, als es den meisten bewusst ist. Der Abend mit der wundervollen Gianinna wurde länger und länger und erst gegen sechs Uhr am Morgen trennten wir uns. Das nenne ich mal, einen Gast willkommen heißen.

Am nächsten Tag sah ich mir recht fix alles Wichtige in der Stadt an – nichts, was wirklich Zeit beansprucht – und wollte nun endlich auch die Besuche in den beiden mir empfohlenen gastronomischen Einheiten erleben. Gianinna konnte leider nicht mitkommen, so machte ich mich alleine auf den Weg. Wer schon mal in Paris war, der weiß, wie ein Lido auszusehen hat. Wer noch nicht in Paris war, der ahnt zumindest, wie ein Lido auszusehen hat. Wer schon mal in Asunción war, der weiß, damit hat der oder das Lido hier so rein gar nichts zu tun. Der Laden ist eine langgestreckte Theke und alles wirkt wie eine eher preiswerte Imbissbude im Bahnhofsviertel der jeweiligen Heimatstadt, so diese groß genug für einen eigenen Bahnhof ist. Ich bestellte wie geheißen eine Fischsuppe. Rein äußerlich verfolgte der Koch offensichtlich das Ziel, die Fischsuppe anderen Fischsuppen so unähnlich aussehen zu lassen, wie es der Lido von Asunción mit dem Lido von Paris geschafft hatte. Doch sie war sehr lecker und mal wieder prostete ich der abwesenden Gianinna zum Dank zu.

Damit hatte ein Abend begonnen, der mich unter anderem mal wieder auf eine Zwischenstation in einem Casino vorbeischauen ließ. So wie ganz Asunción, war es ein bisschen abgelebt, abgegriffen und renovierungsbedürftig. Und sehr charmant. Und ein solches Casino kann man nicht erfinden. Ich habe schon abgeschabte Tische in Neuseeland und Uruguay gesehen, aber das hier hatte den Charme von alten Billardsälen. Das Grün der Tische wurde langsam transparent, die Chips könnte man mit etwas Mühe selbst basteln – obwohl ich sehr von einigen achteckigen Chips angetan war – und der ganze Laden war ein bisschen so gestaltet, wie man sich in der DDR der Siebzigerjahre eine moderne Diskothek vorgestellt hat. Es wird sehr klein gespielt und die Rentenvorsorge durchzubringen dürfte kaum gelingen. Die Menschen hier im Casino und in ganz Asunción waren gut drauf und haben sich über Besuch aus Europa sehr gefreut. Man bekommt gern mal einen Drink ausgegeben und muss mit Händen und Füßen erklären, was zum Geier man denn hier nur wollen könnte, weil sich das niemand erklären kann. Und wenn man zurückfragt, was man sich in dieser Stadt ansehen muss, bekommt man relativ schnell ein paar Kirchen, einen Palast, ein paar wenige Museen und einen Garten zugerufen. Danach werden die Denkpausen größer, es folgt vielleicht noch ein sehr spezieller Tipp eines Einzelnen, danach ist wieder Ruhe und erneut steht die Frage der Bürger im Raum, was zum Henker denn der Deutsche hier will. Ich konnte es ihnen aus ganzem Herzen ehrlich antworten, dass es immer mein Hauptziel war, die jeweiligen Menschen kennenzulernen, die hier auch noch wirklich sehr offen waren.

Als Abschluss gönnte ich mir noch den empfohlenen Besuch im Pub Britannia. Der Pub selbst sah erst einmal nicht so aus, als müsse man nun dafür um die halbe Welt fliegen. Er war nett und sah eben aus wie beinahe jeder Pub englischer Gattung auf dieser trunkenen Erde. Ich stellte mich vor den Tresen und wollte einen Gin-Tonic bestellen. Auf meine in Englisch formulierte Frage, welche Sorte Gin sie dafür benutzen würden, konnten mir die Bedienungen keine Antwort geben, da sie mich schlicht nicht verstanden. Dass sie mein Englisch nicht verstanden, lag an ihnen, dass sie meinen späteren spanischen Versuch nicht verstanden, wohl an mir. Plötzlich stand ein älterer Herr neben mir, fragte mich auf Deutsch, was ich wollen würde, übersetzte es und schon bekam ich meinen Bombay-Tonic. Ich gesellte mich zu dem Herrn an die Bar, der sich an einer Karaffe Rotwein festhielt, und stellte mich vor. Dabei sah ich ihn mir erst einmal genauer an. Er war geschätzte 60 Jahre alt, hatte langes, dünnes, graues Haar, kaum noch Zähne im Mund

und war mit einer Aura umgeben, die sagen wollte: „Ich war einmal ein schöner Mann, aber irgendwas war geschehen“. Es stellte sich heraus, dass der alte Zausel von Asunción kein Deutscher, sondern ein US-Amerikaner war. Er war aber schon lange unterwegs und hatte auch schon ein paar Jahre in Deutschland gelebt. Er wohnte lange in Frankreich und hatte da auch noch so etwas wie eine Rumpffamilie mit einem Kind, das er niemals sah. Wir unterhielten uns lange und als ihm klar wurde, dass ich auf Weltreise war, klönten wir stundenlang über die Welt, deren unglaublichste Orte, die attraktivsten Frauen und wo man beerdigt sein wollte. Er machte mir klar, dass er das Spanische hasst, viel lieber Deutsch, Französisch und natürlich auch Englisch sprach, und wir haben auch ein paar Fetzen auf Russisch miteinander gewechselt. Es war göttlich. Es war mal wieder eine jener Begegnungen, für die ich so unendlich dankbar bin. Mit Menschen, die man eben nicht zuhause trifft. Da standen wir nun also, losgerissen von dem, was man Heimat nennt, und sprachen über die Welt.

Buenas noches, Asunción

Als ich ihm kurz von Japan vorschwärmte, gab es danach kein anderes Thema mehr. Ich bin ein Japan-Fan, war oft da und habe sogar ein bisschen dort gelebt. Er wollte schon immer einmal hin, hatte aber den Moment der Möglichkeit verpasst und konnte es sich aber schon lange nicht mehr leisten. Nach mehr als drei Stunden unaufhörlichen und wundervollen Gesprächs, bei dem wir zwei Flaschen Rotwein leerten, verabschiedete er sich kurz auf Toilette. Er war noch nicht ganz um die Ecke gebogen, da standen sechs aufgeregte Barfrauen vor mir und wollten wissen, was ich denn mit dem Zausel gemacht hätte. Ich war völlig verdutzt, verstand die Frage gar nicht, hakte nach und ließ mir noch mal die Frage stellen. Dann sagte ich, dass ich nur mit ihm spreche, dass es sehr interessant sei und wir einfach einen tollen Abend mit Geschichten über die Welt hatten. „Sí sí!“, lauteten ihre ungeduldigen Zwischenrufe, aber was ich mit ihm gemacht hätte, damit er mit mir spricht? Nun war ich völlig perplex, bis die Frau mit den besten Englischkenntnissen mir sagte, dass der Mann seit Jahren fast jeden Abend da sitzen würde, immer Rotwein tränke und nie, ja niemals mit Menschen sprechen würde. Und schon gar nicht mit

Touristen. Er war hier so etwas wie ein Flachland-Almöhi, der nie sprach. Der Einsiedler im Britannia-Eck. Kurz, er sprach nie, und nun wollte er gar nicht mehr damit aufhören, was die Mitarbeiterinnen des Pubs über alle Maßen erstaunte.

Nun ja, ich konnte denen nichts antworten, ich hatte nichts Besonderes getan. Es war nur einer meiner magischen Weltreisemomente. Solche Sachen erlebt man eben, wenn man sich alleine und ohne „Schatz" an der Seite irgendwo in eine Bar auf der Welt stellt, offen ist und sich unterhalten will.

Als der alte Zausel zurückkam, sprach ich ihn nicht auf den Vorfall an. Man darf eines bei solchen Begegnungen nie vergessen. Man selbst ist zwar am nächsten Tag in einer anderen Bar, einer anderen Stadt, einem anderen Land oder gar auf einem anderen Kontinent, der Partner des Abends bleibt aber da und muss mit all den anderen dort weiterleben. Wir sprachen noch ein bisschen und dann verabschiedete ich mich dankbar. Ohne je seinen erbetenen Abstand von mindestens einem Meter zwischen uns zu verletzen.

Wenn es nach all meinen Erlebnissen rund um diese bunte Erde noch einer Erklärung bedurft hätte, was Reisen wirklich ist – die Geschichte vom alten Zausel und mir in Asunción wäre es.

Wir sehen uns.

Völlig egal, wo auf dieser Welt!

„Wir freuen uns auf Sie in Südamerika."

UND NUN VERGESSEN SIE ALLES WIEDER …

… was ich erlebt habe, reisen Sie bitte einfach hin und finden Sie Ihre eigenen Geschichten. Die liegen da überall rum, und warten nur noch auf Sie.
Ich bin nicht Ihr Guide und ich habe auch nur an der Oberfläche dieser Länder gekratzt. Zeit, Ihre eigenen Geschichten zu sammeln!
Ach, übrigens, wie oft haben Sie sich erwischt, als ich von den Khakis sprach?

„WENIGER SORGEN, MEHR REISEN!" – MEIN EWIGER APPELL

Dank neuer Medien und sozialer Netzwerke hat sich die Zahl der „Autoren und Autorinnen" und „Journalisten und Journalistinnen" vermillionenfacht. Sorgen und Panik bekommen Klicks und Aufmerksamkeit. Reiserücktrittsversicherungen verkaufen sich besser als Reisebücher. So hält nun die stets erschrockene Mehrheit der Deutschen kaum noch ein Land für ein sicheres Reiseland. Verrückt, aber leider statistisch belegt!
Ich war – noch – nicht überall auf der Welt, aber bisher ist mir nirgendwo etwas passiert. Wohl auch, weil es 99 Prozent aller Menschen aller Länder lieber ist, keine Auseinandersetzungen und keinen Stress zu haben. Alle, die ich unterwegs traf, waren ja auch nur gerade dabei, das Leben zu verstehen und vielleicht zu meistern. Und sie waren – je nach religiöser Einstellung – wohl auch zum ersten Mal zu Gast auf diesem blauen fliegenden Steinhaufen im Nirgendwo. Fragend, unsicher, neugierig, vorsichtig.
Natürlich gibt es Arschgeigen und Vollpfosten weltweit, wenn sie auch nicht in allen Sprachen so schöne Bezeichnungen haben wie unsere einheimischen Exemplare. Doch die Menschen, die man respektiert, geben einem rund um die Welt mit vollen Händen Wunderbares zurück. Angst hatte ich unterwegs nie und niemand gab mir einen Grund, mich zu sorgen, oder gar zu fürchten. Das Einzige, was gegen die Angst vor allem Fremden hilft, ist es kennenzulernen. Nur weil etwas nicht unseren selbstgemachten Regeln entspricht, heißt das weder, dass wir recht haben, noch dass andere Umstände nicht auch an-

dere Regeln mit sich bringen. Aus purer Sorge, zu wenig gereist zu sein und so zu wenig gesehen und gelernt zu haben, bevor wir abtreten, wäre etwas, was wir bereuen würden.
So denn: Sorgen Sie sich nicht, reisen Sie!

Wir sehen uns.

Irgendwo.

Ich bin für Sie schon mal vorgereist.

WELTENBUMMLERSTERNE

WELTWERTUNG

So, Zeit, mal nachzuschauen, wo Ihr Lieblingsreiseland im Weltvergleich steht. Mit den zusammenfassenden Kategorien und dem offiziellen „Global Peace Index“ bekommt man schon mal eine Ahnung, wie gut man für welches Land vorbereitet sein sollte und ob es ein geeignetes Reiseland für fast alle, die meisten, wenige oder nur einzelne ist.

Zudem, ob es nach meinen Erfahrungen für durchschnittliche Reisende geeignet ist, wie groß ich die „Erlebnis“-Möglichkeiten sehe, und ob ich es Ihnen ganz persönlich empfehlen möchte.

Und bevor jemand heult, die Erlebnisse und Empfehlungen resultieren aus meinen Erfahrungen, also sorry Philippinen und Glückwunsch Eswatini, aber so war es nun mal.

Es fehlen unsere Europäischen Haupturlaubsländer. Alles von Portugal bis Kroatien, von Schweden bis Polen, von Lettland bis Irland ist sicher, abwechslungsreich, mit guten Gesundheitssystemen und super Kloschüsseln. Ehrlich, wer Angst hat, nach Italien, Spanien und Finnland zu reisen, ist nicht ganz bei Trost und auf dem Balkon ohnehin besser aufgehoben.

KHAKI!

Weltenbummlersterne	Gesundheit	Sicherheit	GPI	Klo & Co.	Eignung	Erlebnis	Empfehlung
Ägypten	3★	2★	1★	3★	4★	5★	3★
Albanien	3★	3★	4★	3★	2★	2★	2★
Angola	2★	3★	2★	2★	2★	3★	2★
Argentinien	4★	4★	4★	4★	5★	4★	5★
Aserbaidschan	3★	4★	1★	3★	3★	3★	3★
Äthiopien	2★	3★	1★	2★	2★	2★	2★
Australien	5★	5★	5★	5★	5★	5★	5★
Bahrain	3★	3★	1★	3★	1★	1★	1★
Belarus	4★	5★	2★	4★	3★	3★	3★

Weltenbummlersterne	Gesundheit	Sicherheit	GPI	Klo & Co.	Eignung	Erlebnis	Empfehlung
Belize	3★	4★	k. A.	3★	3★	2★	3★
Bolivien	2★	4★	3★	3★	2★	3★	2★
Bosnien und Herzegowina	4★	5★	3★	3★	2★	1★	2★
Botswana	2★	4★	5★	2★	3★	5★	5★
Brasilien	3★	2★	2★	3★	3★	3★	4★
Brunei	4★	5★	k. A.	4★	3★	1★	1★
Bulgarien	4★	4★	5★	4★	4★	3★	4★
Chile	3★	4★	5★	3★	3★	2★	3★
China	4★	4★	2★	3★	3★	5★	5★
Costa Rica	4★	3★	5★	4★	5★	4★	5★
Dominikanische Republik	3★	2★	2★	3★	4★	4★	4★
Ecuador	3★	2★	4★	3★	2★	3★	2★
El Salvador	2★	1★	2★	2★	1★	2★	1★
Französisch Polynesien	4★	5★	k. A.	4★	4★	3★	2★
Gambia	1★	3★	2★	2★	2★	2★	2★
Ghana	2★	4★	4★	3★	3★	3★	4★
Guatemala	3★	1★	2★	3★	1★	2★	2★
Haiti	1★	3★	3★	2★	1★	1★	1★

Weltenbummlersterne	Gesundheit	Sicherheit	GPI	Klo & Co.	Eignung	Erlebnis	Empfehlung
Honduras	2★	1★	2★	3★	1★	3★	1★
Hongkong	4★	5★	4★	4★	5★	4★	4★
Indien	3★	3★	1★	2★	3★	5★	3★
Indonesien	4★	4★	4★	3★	4★	4★	4★
Iran	4★	4★	1★	4★	3★	5★	4★
Israel	5★	3★	0★	5★	4★	5★	5★
Jamaika	3★	3★	2★	3★	4★	4★	5★
Japan	5★	5★	5★	5★	5★	5★	5★
Jordanien	3★	4★	2★	3★	3★	3★	4★
Kaimaninseln	4★	4★	k. A.	4★	4★	1★	2★
Kambodscha	3★	4★	3★	3★	4★	4★	5★
Kamerun	1★	1★	1★	2★	1★	3★	1★
Kanada	5★	5★	5★	5★	5★	4★	5★
Kasachstan	3★	4★	3★	3★	3★	3★	3★
Katar	4★	4★	5★	4★	4★	2★	3★
Kenia	2★	3★	1★	2★	3★	4★	3★
„Kleine Antillen“	3★	3★	k. A.	3★	4★	3★	4★
Kolumbien	3★	2★	0★	3★	2★	3★	3★
Komoren	3★	4★	k. A.	4★	3★	2★	2★

Welten-bummler-sterne	Gesundheit	Sicherheit	GPI	Klo & Co.	Eignung	Erlebnis	Empfehlung
Kosovo	4★	4★	3★	3★	1★	2★	1★
Kuba	3★	4★	3★	3★	4★	5★	5★
Kuwait	4★	3★	4★	4★	2★	1★	1★
Laos	3★	4★	4★	3★	3★	3★	3★
Macau	4★	5★	4★	4★	5★	3★	3★
Madagaskar	2★	3★	4★	3★	4★	4★	4★
Malaysia	4★	4★	5★	4★	4★	4★	2★
Malediven	3★	4★	k. A.	4★	4★	2★	2★
Marokko	4★	3★	4★	3★	4★	4★	4★
Mauritius	4★	4★	5★	4★	5★	2★	4★
Mexiko	3★	2★	0★	3★	4★	5★	4★
Mikronesien	4★	4★	k. A.	3★	3★	2★	3★
Mongolei	3★	5★	4★	3★	4★	3★	4★
Mosambik	3★	2★	3★	2★	1★	2★	1★
Myanmar	3★	4★	2★	3★	3★	4★	4★
Namibia	3★	3★	4★	3★	3★	5★	4★
Nepal	2★	4★	2★	2★	2★	4★	4★
Neuseeland	5★	5★	5★	5★	5★	4★	4★
Nicaragua	2★	2★	3★	2★	1★	2★	2★

Weltenbummlersterne	Gesundheit	Sicherheit	GPI	Klo & Co.	Eignung	Erlebnis	Empfehlung
Nordmazedonien	4★	5★	2★	4★	2★	2★	2★
Oman	4★	4★	4★	4★	4★	2★	2★
Pakistan	1★	1★	0★	2★	1★	3★	1★
Panama	4★	4★	4★	4★	5★	4★	5★
Paraguay	3★	3★	4★	3★	2★	2★	2★
Peru	3★	3★	3★	3★	3★	3★	4★
Philippinen	2★	2★	1★	3★	4★	4★	2★
Ruanda	3★	4★	2★	2★	2★	3★	2★
Rumänien	4★	4★	5★	3★	3★	4★	4★
Russland*	3★	4★	0★	4★	3★	5★	4★
Sambia	3★	3★	4★	2★	2★	4★	3★
Senegal	3★	4★	4★	3★	3★	3★	3★
Seychellen	4★	4★	k. A.	3★	4★	2★	4★
Simbabwe	3★	4★	1★	2★	2★	3★	2★
Singapur	4★	5★	5★	5★	5★	3★	4★
Sri Lanka	3★	4★	3★	3★	4★	3★	3★
Südafrika	4★	3★	1★	4★	4★	5★	5★
Süd-Korea	5★	5★	4★	5★	5★	4★	4★
Swasiland/Eswatini	3★	4★	4★	3★	3★	3★	4★

Weltenbummlersterne	Gesundheit	Sicherheit	GPI	Klo & Co.	Eignung	Erlebnis	Empfehlung
Taiwan	4★	5★	5★	4★	4★	3★	3★
Tansania	3★	4★	4★	3★	4★	4★	4★
Thailand	4★	4★	2★	4★	5★	5★	5★
Tunesien	3★	3★	4★	3★	3★	3★	2★
Türkei	5★	3★	0★	5★	3★	5★	3★
Uganda	2★	4★	2★	2★	2★	3★	2★
Ukraine**	4★	3★	0★	4★	3★	3★	3★
Uruguay	3★	4★	5★	3★	2★	2★	2★
USA	5★	4★	1★	4★	5★	5★	4★
Usbekistan	4★	4★	2★	3★	3★	4★	4★
Venezuela	2★	2★	0★	2★	1★	2★	1★
Vereinigte Arabische Emirate	4★	5★	4★	4★	5★	4★	3★
Vietnam	3★	5★	4★	4★	5★	4★	5★
Zypern	5★	4★	4★	4★	4★	3★	3★

* Die Bewertung Russlands erfolgte vor ihrem Überfall auf die Ukraine. Aktuell halte ich die Bewertung noch für korrekt, aber die Reisequalität kann durch die weltweiten Sanktionen und die Stimmung im Land sehr stark negativ beeinflusst werden. Unabhängig davon, ob man Russland nun bereisen wollen sollte.

** Die Bewertung der Ukraine als Reiseziel erfolgte vor dem Überfall Russlands. Ich belasse sie so, in der Hoffnung, dass die Ukraine bald wieder so zu bereisen sein wird.

UND GANZ ZUM SCHLUSS: MEINE GÄNZLICH PERSÖNLICHE WELTWERTUNG

Das hier zeigt den Stand bei Veröffentlichung der Bücher an. Und natürlich kann sich manches schnell ändern. Gerade so gegen Ende der Liste. Sie wären überrascht, wie überraschend überrascht man nach all den vielen Jahren Weltreise und weit, weit mehr als 100 besuchten Ländern immer noch sein kann. Und das ist das Wunderbare.

Lieblingsländer: Japan, Thailand, Costa Rica, Panama, Argentinien, Südafrika, Deutschland
Unterschätzte Reiseländer: Panama, Swasiland/Eswatini, Myanmar, Israel, Bulgarien, Iran
Überschätzte Reiseländer: Neuseeland, Vereinigte Arabische Emirate, Sri Lanka, Fr. Polynesien, Tunesien
Bestes Klima: Costa Rica
Langweiligste Länder: Brunei, Kaimaninseln, Seychellen, Malediven (Gähn!)
Lieblingsstädte: Sydney, Kapstadt, Bangkok, Tokio, Buenos Aires, New York, Dresden, Leipzig
Ungemütlichste, weil für mich zu hoch gelegene Stadt: La Paz in Bolivien
Großartigste Zivilisation: Japan
Sauberstes Land: Singapur
Schmutzigstes Land: Nepal
Mein sicherstes Gefühl: Japan
Mein unsicherstes Gefühl: Maputo, Johannesburg, Ellis-Street/San Francisco, Finanzamt Dresden
Freundlichste Menschen: Thailand, Kambodscha, Costa Rica, Kuba, Australien, Kanada, Venezuela
Beeindruckendste Menschen: Nepal, Swasiland/Eswatini, Kambodscha
Leichtester Kontakt mit Einheimischen: USA, Kanada, Australien
Schwierigster Kontakt mit (echten) Einheimischen: Oman, Katar, Vereinigte Arabische Emirate
Gastfreundlichste Erfahrung: Russland (aber auch viele andere)
Schlechtestes Englisch: Japan, China, Argentinien
Beste Tierbeobachtungen: Botswana, Südafrika, Namibia
Schönste Natur: Botswana & Namibia, Costa Rica & Panama

Schönste Strände ohne Langeweile: Australien, Thailand
Bestes Essen allgemein: Japan, dann das restliche Asien
Beste Steaks: Argentinien (ansonsten ist da kulinarisch nicht viel los)
Größte kulinarische Überraschung: Südafrika
Bester Wein außerhalb Europas: Südafrika, Argentinien
Bestes Bier: Alberne Frage für einen Deutschen
Beste gelebte Musik: Argentinien und Jamaika
Meist unterschätzte Musik: Afrika unterhalb Ägyptens, ganz besonders Westafrika
Beste Kunstmuseen: Eremitage St. Petersburg, MoMa New York, Getty-Center LA
Beste Shows: New York und Las Vegas, und dann folgt eine ganze Weile gar nix
Beste Casinos: Las Vegas, Macau, Sydney
Kurioseste „Casinos“: „Del Rey“ in San José, Costa Rica und das geldlose „Maid-Casino“ in Tokio
Persönliches Casinohausverbot: Waterfront Casino, Cebu City, Philippinen (Pfff, dann eben nicht!)
Lieblings-Airlines: Thai Airways, Singapore Airlines, Emirates, ALL Nipon Airways, Qatar Airways
Ungeliebteste Airlines: American Airlines, United Airlines
Schlechteste Buchungserfahrung: lastminute.de
Beste Klos: Japan
Gruseligstes Klo: Ein Erdloch im Busch von Botswana
Bestes Preis-Leistung-Verhältnis (Fernziel) alle Reisekosten inklusive: Thailand
Schlechtestes Preis-Leistung-Verhältnis (Fernziel) alle Reisekosten inklusive: Französisch Polynesien
Bestes Trinkgeldverhalten: Japan (unüblich, nicht gern gesehen)
Blödestes Trinkgeldverhalten: USA (Nerv!)
Bester Nahverkehr: Japan
Schlechtester Nahverkehr in einer Hochzivilisation: USA
Bester Service: Japan
Negativste Überraschung beim Service: Argentinien
Irrste Autofahrer: Indien

UND NUN PERSÖNLICH-PERSÖNLICH

Mein größtes Glück: Meine Venezolanerin Dinorah – Hochzeit nicht ausgeschlossen
Ich war Opfer: Uhr gestohlen in Las Vegas
Größer Betrug: Geldwechsler auf Bali (Aber erwischt!)
Heftigste Verletzung: Rippenprellung bei Massage in Bangkok

Schlimmste „Krankheit“: Durchfall in Taipeh

Größer Kater: Von selbstgebranntem Wodka in St. Petersburg (Aber was sollte ich machen, die Leute waren nett. Und ich wurde zumindest nicht blind von deren Gesöff aus sibirischen Kartoffeln.)

FAZIT

Meine möglichen Auswanderländer (außer EU): Thailand, Costa Rica, Panama, Südafrika und ggf. noch ein paar Inselparadiese in der Karibik. (Und eigentlich Argentinien, aber nachdem ich nun gut drei Jahre hier bin … Na ja, ich weiß ja nicht.)

JETZT SIE!

REISEN UND GUTES TUN

Quasi dauerhaft um die Welt zu reisen und dabei neben all dem Wunderbaren nicht auch zu sehen, wo man helfen sollte und helfen kann, ist schlicht nicht möglich. So entstand sehr früh der Gedanke, mit meinen Büchern, Hörbüchern, Lesungen, Onlinelesungen und anderen Weltenbummlerideen und -auftritten soziale Organisationen und Stiftungen zu unterstützen, die in ärmeren Ländern an jenen Stellen anpacken, an denen ich nicht über 10 Reisejahre lang wegschauen konnte. In Ländern, bei denen wir Reisenden gern mal die Frechheit besitzen, sie als „Urlaubsländer" zu bezeichnen.
Natürlich ist es nicht besser oder schlechter, sich in Afrika, Südamerika und Südostasien zu engagieren, als anderswo auf unserem so verwundbaren, kleinen Planeten. Es gibt auch in Europa und Deutschland reichlich zu tun. Doch als Weltenbummler finde ich es angemessen, im Ausland zu helfen. Und da besonders für die Kinder etwas Positives zurückzulassen.
Ich habe bei diesem kleinen Text lange überlegt, wie ich meine Motivation möglichst anschaulich, angemessen emotional und dennoch sachlich genug darstellen kann, kam aber dann auf den finalen Gedanken: Wem ich diese Idee erklären muss, der ist ohnehin nicht richtig hierfür.

Es gibt einige tolle Organisationen und Stiftungen, die ich sehr schätze und die für eine so enge und intensive Zusammenarbeit in Frage kommen. Von „Plan International" über UNICEF bis hin zu eher kleinen Organisationen, die nicht mit weniger Herzblut ihr Bestes geben. Wie zum Beispiel die Leipziger Stiftung „Operation Restore Hope", welche besonders Kindern auf den Philippinen hilft, die unter anderem an Lippen- oder Gaumenspalten leiden. Bitte schauen Sie auch bei dieser Stiftung noch mal genauer hin. DANKE!

Mit Freude darf ich sagen, dass wir nun mit meiner/unserer Weltenbummler-Idee für zwei dieser Organisationen ganz direkt Geld sammeln, das eins zu eins in die beiden Stiftungen fließt.
Zunächst wäre da „HOPE Cape Town". Wenn Sie sich auch nur fünf Minuten Zeit nehmen, auf deren Webseiten nachzuschauen – worum ich Sie wirklich herzlich bitte –, werden Sie wahrscheinlich wie ich still nickend und staunend wahrnehmen, was „HOPE" besonders für Kinder und deren Familien, die von HIV und Aids oder verwandten Krankheiten betroffen sind, auf die Beine stellt. Bereits seit 2001 ist „HOPE" in den ärmsten Gegenden und Townships Kapstadts aktiv und hat zum Beispiel 2022 mit dem Projekt „The Nex" im Township

Delft einen wahrlichen Meilenstein gesetzt. Ich darf mich als Freund von der unglaublichen und beeindruckenden Viola Klein und dem so aktiven und – ich befürchte es fast wirklich – „nie ruhenden“ Stefan Hippler bei „HOPE“ bezeichnen, und so fällt es mir besonders leicht, Ihnen diese Stiftung auch für Ihre persönlichen Spenden ans Herz zu legen.

Und als zweites sammeln wir für die großartige Stiftung „FLY & HELP“, die Reiner Meutsch gegründet hat und deren tolles Team Dinge ermöglicht, die ich persönlich für kaum möglich halte. Wissen Sie, wie oft ich hören darf: „Wow, du hast gleich 12 Bücher auf einmal geschrieben?“ Und ich nehme das Staunen auch immer gern stolz an. Na und dann lese ich, dass „FLY & HELP“ bislang bereits 700 Schulen in Afrika, Südamerika und Asien gebaut hat, werde wieder ganz bescheiden und schreibe einfach still weiter.
„FLY & HELP“ tut so ziemlich alles Menschenmögliche dafür, um an Orten Schulen zu bauen und dann weiter zu unterstützen, wo niemand sonst willens oder in der Lage ist, eine Schule zu bauen, um so Kindern eine Chance auf Bildung zu geben. Auch das ist so ungemein wichtig, denn mit Bildung fängt jede Problemlösung an.
Bitte verwenden Sie ein wenig Ihrer Zeit auch, um auf deren Webseite mehr von dem zu erfahren, was diese Stiftung bisher erreicht hat und was sie weiter plant.
Ich habe mich für diese zwei besonderen Stiftungen entschieden, weil ich die Teams dahinter gut kenne und deren Aktivitäten seit Jahren verfolge. Ich weiß, mit welchem persönlichen Einsatz sie unterwegs sind, um so klug und zielgenau zu helfen wissen.

„FLY, HOPE and HELP“ plus mein Weltenbummler-„SMILE“! – Kann es eine bessere Zusammenfassung für das geben, was ich so liebe zu tun?

Auf geht's! Bitte informieren Sie sich und spenden Sie! Auch wenn Sie ja schon mit dem Kauf dieses Buches beide Organisation zumindest ein kleines bisschen unterstützt haben. Wofür ich in unser aller Namen schon mal Danke sage.
Ich bin und bleibe – auch mit meinen anderen Aktivitäten rund um „Frag den Weltenbummler“ – in jedem Fall dabei. Ich hoffe, Sie auch!

Hope Cape Town
https://aids-stiftung.de/hope-kapstadt-stiftung
Tel.: 0027 210012175 • E-Mail: info@hopecapetown.org

HOPE-Kapstadt Stiftung • Ostsächsische Sparkasse Dresden
IBAN: DE44 8505 0300 3100 3880 02 • BIC: OSDD DE 81 XXX

Hopegala
www.hopegala.de
Tel.: 0228 604690 • E-Mail: info@hope-kapstadt.de

Reiner Meutsch Stiftung FLY AND HELP
www.fly-and-help.de
Tel.: 02688 989011 • E-Mail: info@fly-and-help.de

Stiftung FLY & HELP • Westerwald Bank eG
IBAN: DE94 5739 1800 0000 0055 50 • BIC: GENODE51WW1

Ihre Spende ist in Deutschland steuerlich absetzbar.